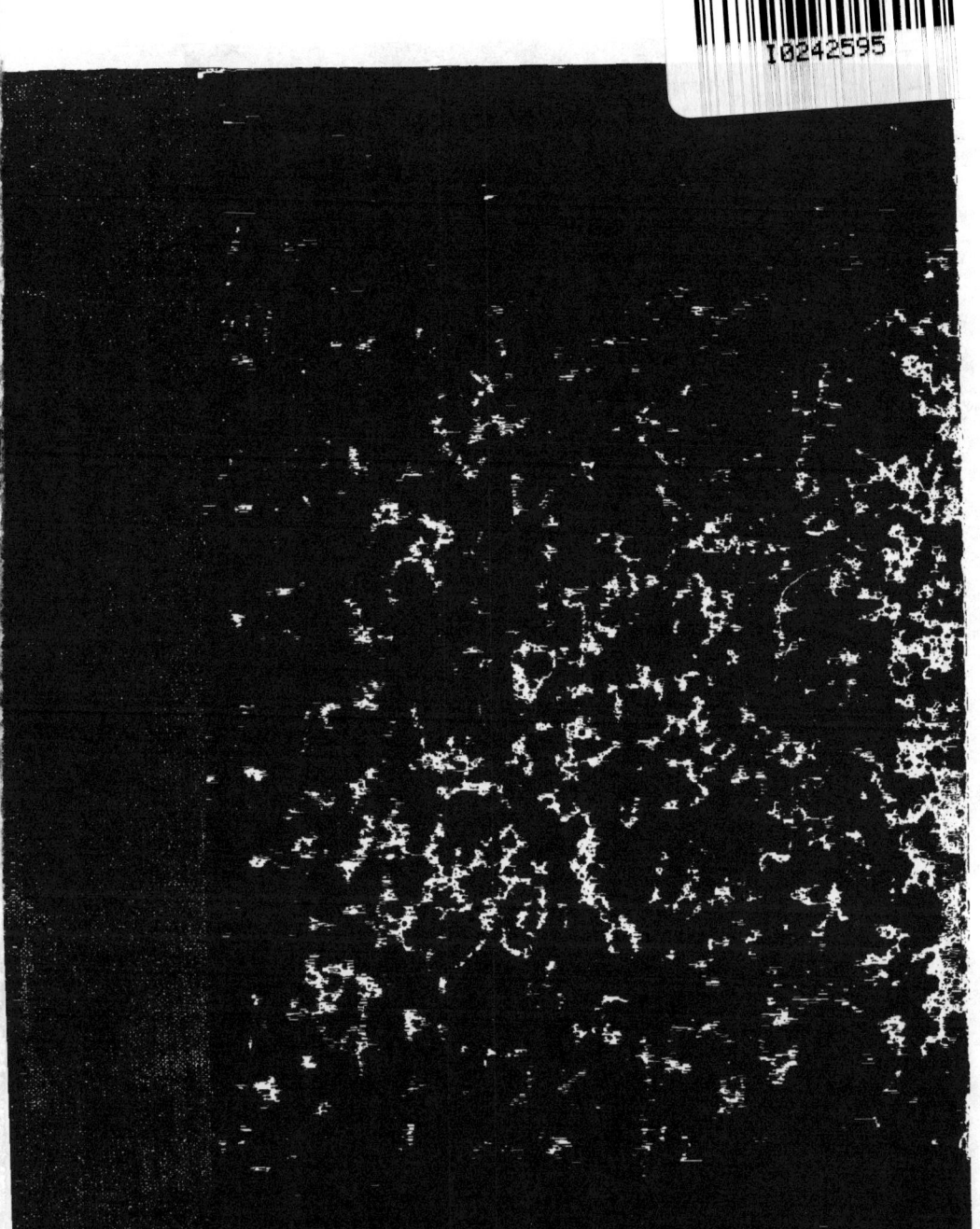

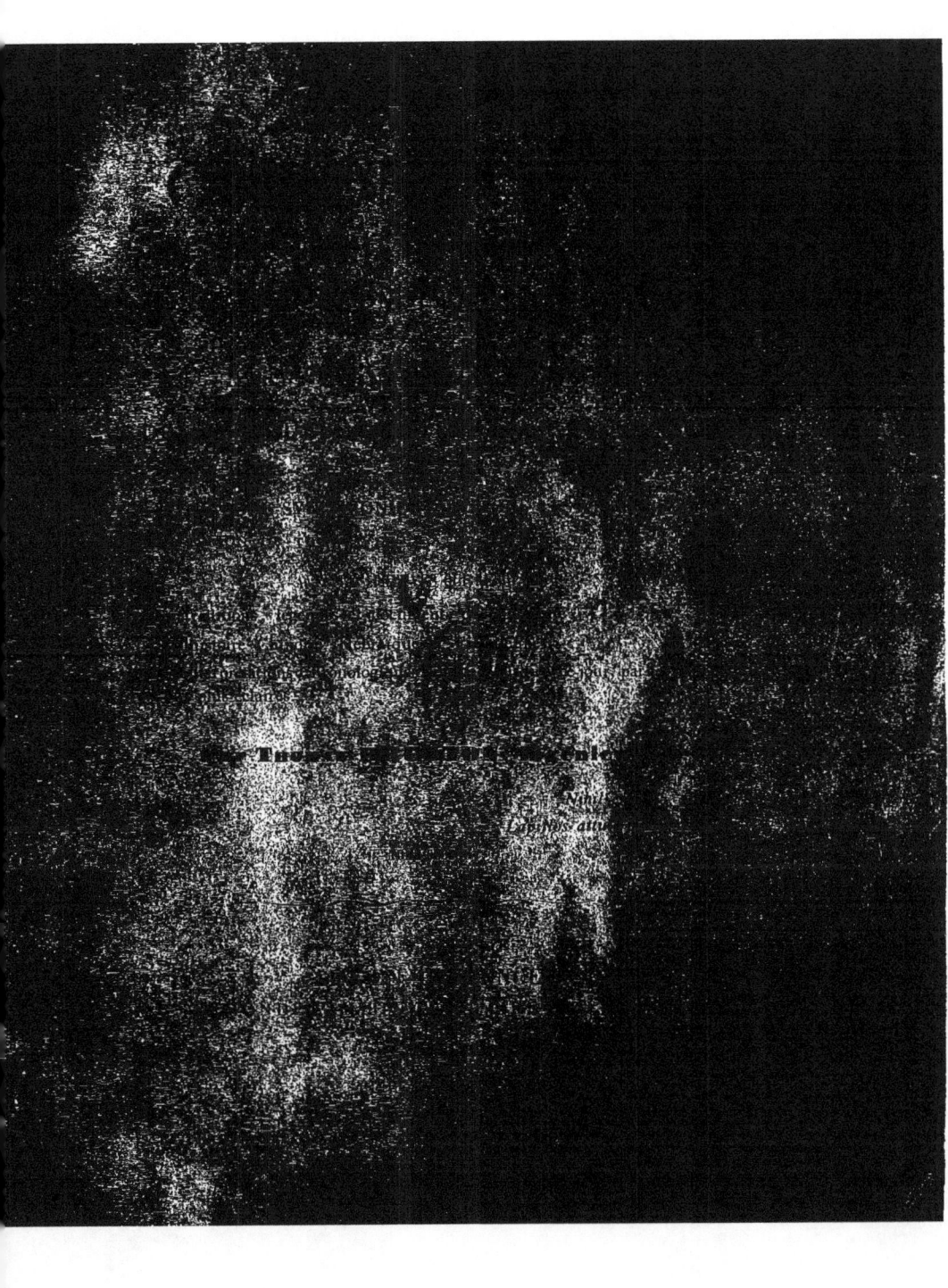

CHRONOLOGIE

UNIVERSELLE

DEPUIS LA CRÉATION JUSQU'A L'ÈRE VULGAIRE

Droits de traduction et de reproduction réservés.

Aix, Typographie Remondet-Aubin, sur le Cours, 53.

CHRONOLOGIE
UNIVERSELLE
DEPUIS LA CRÉATION JUSQU'A L'ÈRE VULGAIRE

CONCORDANCE
DES ÉPOQUES AVEC LES LIVRES SAINTS

MARCHE SYNCHRONIQUE DE TOUS LES PEUPLES
DE TOUTES LES DATES SACRÉES ET PROFANES

AVEC LES PREUVES QUI RÉSULTENT

1° Des traditions, légendes et documents de l'antiquité ;
2° De l'histoire Chinoise, Hébraïque et Egyptienne ;
3° Des interprétations Chronologiques admises, jusqu'à ce jour, par les auteurs les plus éclairés.

Par Thomas BRUNTON, ingénieur.

Nihil exegi !
Lapillos attuli monumento.

TOME SECOND

AIX-EN-PROVENCE
REMONDET-AUBIN, LIBRAIRE-ÉDITEUR
Sur le Cours, 53

1872

LE LIVRE DES JUGES

Notre opinion sur ces temps et ces époques n'est nullement conjecturale, elle se fonde sur des convictions qui ont été longues à se former ; l'intelligence humaine n'a compris que tardivement qu'on pourrait trouver dans l'antiquité et dans l'origine des peuples, les ressources les plus précieuses pour élucider les vérités et l'authenticité des Livres Saints ; mais enfin les matériaux sont venus en si grande abondance et de tant de côtés différents, qu'il a fallu les faire entrer dans nos méditations et dans nos travaux.

Une des plus grandes difficultés qui se présentent dans la Chronologie de la Bible, est celle du Livre des Juges : On a souvent répété que ces temps resteront sans solution et que l'histoire s'obscurcit tous les jours et graduellement, à mesure de l'éloignement de ses témoins.

Pour contribuer à fixer ces hésitations, ces incertitudes, nous allons puiser des éléments dans d'autres voies que celles généralement suivies.

L'intervalle des temps depuis l'Exode jusqu'à la fondation du

Temple, est fixé (1ᵉʳ Livre des Rois) à 480 années ; mais quelques écrivains, historiens et chronologistes, ont indiqué des chiffres beaucoup plus élevés et que nous reproduisons plus loin.

Les divergences proviennent en grande partie des différents textes, versions, systèmes qui ont servi aux commentateurs et qui sont plus ou moins altérés, et empreints de l'intention de faire concorder certains points, pour obtenir des solutions prévues ou espérées à l'avance.

On croit quelquefois forcer cette concordance en s'appuyant sur des écrits, sur des faits, des traditions ou légendes qui s'approchent le plus de l'idée sur laquelle on a exercé son intelligence et qu'on cherche à raffermir ; mais un succès en ce genre n'est obtenu qu'à la suite de travaux indépendants et désintéressés, en prenant pour point de départ seulement le moment où l'on doute assez pour désirer de s'éclairer ; les notions préconçues n'atteignent que rarement le but qu'on se propose.

Les Israélites, dès leur entrée dans le Chanaan, après la prise de Jéricho, ont encouru la punition de leur idolâtrie ; ils sont attaqués et asservis sept fois par les Syriens, les Moabites, les Chananéens, les Madianites, les Ammonites et les Philistins pendant plusieurs périodes, formant ensemble environ 131 années.

L'intervalle indiqué entre l'Exode et Salomon est rempli entièrement par 480 années, de Moïse dans le désert, des juges et des rois, compris David, et la quatrième année de Salomon : c'est pendant ce temps que les servitudes ont eu lieu, sous le gouvernement des chefs du peuple.

La servitude, en effet, n'était point un esclavage effectif et corporel ; les envahisseurs imposaient des redevances annuelles en nature, en bestiaux ou autres valeurs, et se retiraient. Il est vrai qu'à la suite de plusieurs de ces délivrances, la Bible ajoute : « Que les Israélites jouirent ensuite de la paix » ; mais cette mention doit s'entendre en ce sens, que les guerres, les incendies et les pillages cessaient parce que les populations continuaient à payer sans résistance, les tributs jusqu'à la libération. Les Israélites étaient toujours en guerre ; la paix pour eux était lorsqu'ils payaient des redevances à leurs ennemis. Il est dit, en effet, dans le Livre de Josué, à propos de ce mot de *paix*, si souvent reproduit : « Alors la terre était affranchie de la guerre. »

Bien plus, et ce qui nous paraît concluant, la Bible éditée sous Sixte V et de Clément VIII et annotée par onze des commentateurs les plus savants, porte, à chaque mention de servitude : *Terra quievit* sub *tributo* (le pays fut tranquille *sous* le tribut).

Ushérius, adoptant cette explication, a inscrit aussi dans ses commentaires la mention de ces intervalles de paix :

Depuis le repos de Josué jusqu'à la paix d'Othoniel... 40 ans
Depuis la paix d'Othoniel jusqu'à celle d'Aod .... 80 »
Depuis la paix de Debora jusqu'à celle de Gédéon ... 40 » etc.

Ainsi, dans son système, les servitudes étaient comprises dans la durée des judicatures.

Il faut aussi considérer que ces envahissements avaient lieu sur différentes parties du pays et quelquefois sur deux points en même temps : On était opprimé, au Nord, par Jabin et les Chananéens, au

Midi, par les Philistins, et pendant ce temps une grande partie des contrées était tranquille, sous Aod.

Les contrées orientales près le Jourdain, occupées par les tribus de Manassé, Dan et Ruben se défendaient par elles-mêmes contre les incursions et ne se joignaient pas aux levées qui se faisaient chez les autres tribus de l'Occident pour repousser l'ennemi commun : Debora, dans son appel aux populations, reproche à plusieurs tribus orientales de rester tranquillement dans leurs champs, tandis que leurs frères avaient besoin de leurs armes et de leur secours.

Les Israélites du Midi se défendent contre les Syriens, les Moabites, les Chananéens et les Philistins, pendant qu'au Nord, les Madianites, les Ammonites et les Philistins font plusieurs invasions à à la fois sur le territoire : Ce fait est constaté relativement à Jephté.

Au sujet des alternatives de servitude et de délivrance, Lenormant, dans son histoire de l'Orient, fait remarquer qu'on tomberait dans une grave erreur historique, et qu'on se jetterait dans des difficultés inextricables, si l'on croyait que les années de servitude et d'indépendance s'étendirent toujours à tout le peuple d'Israël ; c'est là, depuis longtemps, un point éclairci, et s'il reste des obscurités pour la science à ce sujet, c'est seulement quand il s'agit de déterminer exactement la limite géographique de chacune de ces invasions et de leurs dates relatives.

En effet, ces guerres auraient été quelquefois simultanées pour diverses localités, et leur durée ne pourrait être comptée séparément. Lorsque les Ammonites envahirent la rive orientale du Jourdain et y établirent cette domination qui fut brisée par Jephté, ils s'étaient alliés aux Philistins, qui entrèrent concurremment sur le territoire des tribus méridionales, et tandis que les Israélites du Nord et de l'Est parvenaient à se délivrer des Ammonites et jouissaient du repos sous le gouvernement des trois successeurs de Jephté, les Philistins continuaient à opprimer le Midi.

Quant à la servitude de Chusan Rasathaïm, il n'y a pas de raison pour la borner aux contrées orientales, car un peuple ennemi qui vient châtier la nation hébraïque, n'aurait pas manqué d'envahir la Palestine occidentale.

Ces distinctions de servitudes et de libérations se succèdent sans suite régulière et sans qu'on se soit astreint à un ordre de temps invariable. Sous Samgar, on mentionne même une servitude qui n'eut lieu que sur une certaine étendue de pays, et il est évident que l'on ne doit pas ajouter cet intervalle d'oppression ou d'impôt, au temps du règne du juge.

Il ne faut pas oublier que la judicature ne formait pas un gouvernement régulier, homogène, général : Quand on indique l'élection d'un juge, c'est qu'il est devenu titulaire du pouvoir, quelquefois sans l'exercer, comme il arrivait dans les troubles ou envahissements ; mais la date du règne de ce juge se poursuivait toujours jusqu'à son remplacement.

La Bible n'a jamais entendu une autre durée que celle des judicatures, pendant lesquelles la Judée a été plus ou moins troublée par les guerres qui avaient pour objet de punir les Israélites ; et le châtiment devait naturellement tomber sur ceux qui le méritaient. On le voit clairement par le sens du cantique de Débora, où l'on remarque que les Benjamites, Issachar et Ephraïm, donnent leur assistance, mais que Ruben, Juda, Siméon sont tout-à-fait en dehors des événements. Le pays de Galaad demeure aussi immobile, et les tribus de Dan et d'Aser, quoique voisines du théâtre de la guerre, ne quittent pas leurs travaux pacifiques ; c'est là un exemple de ces divisions continuelles des Israélites, qui leur furent toujours si fatales.

Il a été constaté souvent qu'il n'y avait pas un intérêt commun de défense chez les juges ; que plusieurs même parmi eux ne sont venus au secours que d'une partie du peuple, et même que, le cas échéant, ils n'auraient pas hésité à faire la guerre à leurs propres frères des tribus d'Israël. Pour appuyer cette opinion, nous pouvons ajouter que diverses dispositions du Livre des Juges ne sont point opposées à la supposition que certaines judicatures auraient été contemporaines. On admet implicitement que quelquefois le juge d'une tribu ne l'était pas du peuple entier : Les juges n'avaient de juridiction que sur les seules tribus qui consentaient à vivre sous leurs lois. On peut donc en inférer qu'il y avait plusieurs juges gouvernant en même temps des localités différentes.

Divers savants commentateurs et Archinard, dans son ouvrage sur les découvertes de Champollion, nous paraissent exposer la vérité du principe et des faits. Le gouvernement des juges n'a pu durer plus de 330 années jusqu'à la fin d'Héli (si l'on ne joint pas aux règnes les temps de servitude), et alors nous pourrons retrouver encore les 480 du Livre des Rois, en ajoutant :

1° Les 330 années ci-dessus, avec..................
2° Les 40 années pour le séjour de Moïse au désert.....
3° Les 23 années pour Josué et les anciens..........
4° Les 40 années pour Saül......................
5° Les 40 années pour David.................... } 480 ans.
6° Les 4 années pour la fondation du Temple, sous Salomon.......................................
7° Les 3 ans perdus dans le calcul des successeurs des juges qui ne sont pas toujours installés l'année même de la vacance........................

Il faut aussi remarquer que la période des juges fut un temps de division et d'anarchie, durant lequel Israël n'a pas toujours obéi à un chef unique ; il est, au contraire, bien constaté que, dans ces époques de désordre, quelques-uns des chefs gouvernèrent simultanément plusieurs parties du pays, et que plusieurs invasions des ennemis eurent lieu sur diverses contrées à la fois.

C'est ainsi que nous devons admettre que les vingt ans pendant lesquels les Chananéens opprimaient les tribus du Nord, et les quarante ans qui suivirent la délivrance par Débora, coïncident avec une partie des temps de paix dont le Midi put jouir ; de même aussi la servitude sous les Philistins, nous paraît devoir se rapporter aux époques des judicatures de Jephté, Abdon, Abilon, Samson.

Dans un autre ordre d'idées, nous avons encore à présenter un argument qui n'est pas indifférent ; s'il n'est pas à lui seul concluant, il justifiera encore notre confiance dans l'opinion que les 480 ans donnés par la Bible sont un chiffre exact.

Après trente-huit ans de la sortie d'Egypte, Moïse se trouvait à Cadès-Barné, et il hésitait s'il devait remonter vers les Ammonites, ou redescendre vers la presqu'île de Sinaï. Chez les Ammonites, il trouvait en plus grande abondance des ressources pour la subsistance de son peuple et des troupeaux nombreux qu'il menait à sa suite. Il envoya quelques chefs vers le Nord et sur la rive orientale du Jourdain pour s'assurer des dispositions des populations qu'il aurait à traverser ; on était alors à 1453 avant l'ère vulgaire.

Moïse savait qu'il ne devait pas pénétrer dans la terre promise, et que sa mort était prochaine. Les Israélites s'apprêtèrent à entrer dans le Chanaan, mais les peuples intermédiaires situés à l'est du Jourdain, leur refusèrent le passage à travers leurs terres. Il fallut donc leur faire la guerre, et les Ammonites furent envahis à la trente-neuvième année de l'Exode (1452 avant l'ère). Moïse mourut un an après.

Trois cents ans après cette époque, un roi des Ammonites fit invasion sur les terres occupées depuis ce temps par les Israélites, leur signifiant que cette contrée appartenait à sa nation, qu'elle avait été injustement conquise sous Josué (1452 avant l'ère) dans sa marche, trente-neuf ans après l'Exode ou départ d'Egypte.

Jephté, alors juge d'Israël (1182 avant l'ère), lui fit cette réponse : « Le pays est à nous depuis trois cents ans ; pourquoi dans tout ce temps écoulé, n'avez-vous jamais élevé aucune réclamation, et pourquoi venez-vous aujourd'hui revendiquer et envahir un pays qui nous appartient depuis si longtemps sans opposition ?

En effet, si l'on déduit des 1452 ans de la première conquête sur les Ammonites, l'an 1182 où régnait Jephté comme juge, on trouvera approximativement les trois cents années qu'il mentionne ; et, dans tous les cas, on sera beaucoup plus près de la vérité, qu'en admettant des extensions que rien n'explique ou autorise, aux 480 ans indiqués dans le Livre des Rois.

Nous avons exposé les faits tirés des Livres Saints, qui constatent l'authenticité du chiffre de 480 années pour l'intervalle de l'Exode à la fondation du Temple, nous allons maintenant trouver, dans d'autres éléments, des documents synoptiques qui apporteront de nouvelles preuves.

Nous avions d'abord pensé, pour appuyer notre opinion, à chercher dans les générations de familles Israélites, des arguments pour soutenir nos chiffres par le moyen des filiations ; mais le peu de détails et de matériaux consistants qui existent sous ce rapport, ne nous permettent pas d'employer ces ressources qui, cependant, existent au fond, mais dont la recherche serait difficile et presque sans intérêt, au milieu des documents que nous avons encore à notre disposition et que nous formulerons comme suit :

1° DES JUBILÉS

Après avoir donné les bases qui nous autorisent à affirmer le chiffre de 480 années, nous allons établir que, par les Jubilés de cinquante ans des Israélites et les cycles de soixante ans des Chinois, nous retrouvons les mêmes conclusions chronologiques :

Moïse sort d'Egypte avec les Hébreux 1491
Il passe quarante ans dans le désert................ 1451
Moïse meurt..................................... 1451
Josué succède à Moïse ; il partage les terres entre les tribus ; il donne à Manassé, Dan et Ruben toute la côte orientale du Jourdain ; le reste du Chanaan, depuis le fleuve jusqu'à la mer Méditerranée, est distribué entre les neuf autres tribus : Cette distribution a lieu après cinq ou six ans... 1446

Le Jubilé est établi par la loi de Moïse, tous les cinquante ans, ou plutôt tous les quarante-neuf ans. Cet anniversaire était célébré à la fin de la septième année ; cette fête avait lieu dans le commencement de la cinquantième année ; mais le point de départ du Jubilé suivant, était pris à dater de cette cinquantième année, ce qui, au fond, ne formait que quarante-neuf ans par Jubilé. Saint Jérôme dit à ce sujet : Chacun reviendra alors à sa liberté et ses possessions.

Voici comment s'exprime le Lévitique (chap. xxv, v. 8) :

« Tu compteras sept semaines d'années, c'est-à-dire sept fois sept ou quarante-neuf ans ; tu sanctifieras cette cinquantaine. »

Ainsi, d'après le texte, le jour de la célébration de la fête compte dans les quarante-neuf ans du Jubilé suivant, et à l'expiration de chacun de ces termes, les propriétés retournaient à leurs anciens maîtres, si elles avaient été vendues.

Il n'y avait pas eu lieu de rendre exécutoire une loi qui réglait le retour des propriétés aux anciens propriétaires, puisqu'il n'y avait pas alors de propriétés distribuées ; mais à dater du partage, qui a rendu les Hébreux possesseurs de terres, on a voulu réglementer l'exécution de cette loi pour le cas où, dans ces quarante-neuf années, les propriétés seraient sorties des familles devenues propriétaires par la distribution qui leur avait été faite.

Le partage ayant eu lieu en 1446 de l'ère, c'est à l'année 1396 que se termine le premier Jubilé.

1ᵉʳ Jubilé,	de	1446	à 1396	17ᵉ Jubilé,	de	661	à 612
2ᵉ	»	1396	1347	18ᵉ	»	612	563
3ᵉ	»	1347	1298	19ᵉ	»	563	514
4ᵉ	»	1298	1249	20ᵉ	»	514	465
5ᵉ	»	1249	1200	21ᵉ	»	465	416
6ᵉ	»	1200	1151	22ᵉ	»	416	367
7ᵉ	»	1151	1102	23ᵉ	»	367	318
8ᵉ	»	1102	1053	24ᵉ	»	318	269
9ᵉ	»	1053	1004	25ᵉ	»	269	220
10ᵉ	»	1004	955	26ᵉ	»	220	171
11ᵉ	»	955	906	27ᵉ	»	171	122
12ᵉ	»	906	857	28ᵉ	»	122	73
13ᵉ	»	857	808	29ᵉ	»	73	24
14ᵉ	»	808	759				
15ᵉ	»	759	710				
16ᵉ	»	710	661				

30ᵉ Ces 24 années avant l'ère ajoutées à 25 ans après l'ère, forment le 30ᵉ Jubilé, qui fut le dernier.

On remarquera que c'est en 1011 que Salomon a posé, à la fin de sa quatrième année de règne, les fondations du Temple. Il y aura donc sept années en trop pour les neuf Jubilés qui forment

1004, tandis qu'il fallait descendre à 1011. Le calcul de 480 ans d'intervalle de l'Exode à Salomon devra donc être établi comme il suit :

1° Neuf Jubilés à 49 ans chaque, moins les 7 ans ci-dessus mentionnés... 434

2° Les 40 ans de pérégrinations et les 6 ans de guerres de Josué (1451 à 1446)................................. 46

Ensemble......... 480

Le père Petau, Ricciolo, Ushérius et Dom Calmet, sans compter nombre d'autres chronologistes et les Egyptologues les plus distingués, admettent la date de l'Exode de 1491 ; il eut lieu sous le Pharaon Menephtès, fils de Ramsès II, qui monta sur le trône en 1495. L'Exode eut lieu quatre après.

La date de la fondation du Temple est établie par tous les écrivains et les Théologiens les plus distingués à 1011, ce qui confirme complétement le chiffre de 480 par nous appuyé.

2° LES CYCLES DE LA CHINE

Les Chinois comptent par cycles de soixante ans toutes leurs Chronologies ; or, il y a huit cycles entre les deux dates ci-dessus de 1491 et 1011, ce qui reproduit encore les 480 ; on reconnaîtra exact ce calcul dans notre dissertation chronologique sur l'histoire de la Chine.

Nous avons établi cette date de 480 ans sur diverses autorités ;

il nous reste maintenant à donner la série des systèmes contraires qui ont *combattu ce chiffre* et qui ont insisté pour l'augmenter dans les proportions que nous signalons :

Jules l'Africain	741 ans.	Eusèbe	600 ans.
Syncelle	659	Vossius	591
Chronique Pascale	632	Pezron	723
Flavien Joseph	621	Sulpice Sévère	588
Hales	620	Jackson	579
Simpson	620	Clément d'Alexandrie	573
Théophile	612	Ruffin	520

En opposition à ces quatorze écrivains, plus de deux cents commentateurs et auteurs distingués ont suivi la date de 480.

Tels sont, la Bible de Sacy, de Royaumont, toutes les versions du texte hébreu, des Samaritains, des Septante ; Calmet, Carrière, Dodwell, Marchal, Usher, Duhamel, les dix commentateurs de la Bible de Sixte V et Clément VIII, Sédillot, Prideau, Berruyer, tous les Conciles, etc.

Enfin, en dehors de ces autorités, nous avons encore voulu nous appuyer sur les dates fournies par l'exercice des grands-prêtres dans toute cette époque.

CONTROLE DES 480 ANS

PAR LA DURÉE DES FONCTIONS DES GRANDS-PRÊTRES

Des difficultés qui s'étaient rencontrées dans la recherche des grands-prêtres, qui, pendant 480 ans, ont exercé, depuis l'Exode jusqu'à Salomon, nous avaient d'abord fait négliger ce moyen puissant de contrôle, qui eût été concluant si nous avions pu recueillir des documents précis ; nous avons repris ce travail sur d'autres bases et nous avons réussi dans l'ensemble, si quelques points intermédiaires laissent encore un peu à désirer ; on comprend, en effet, que si l'intervalle de 480 années est contesté par un grand nombre d'écrivains et porté à des chiffres beaucoup plus élévés, il nous suffira, pour résoudre la question, de prouver les deux termes du départ et de l'arrivée ; mais nous ne nous sommes pas bornés à ce résultat, nous avons réuni de nombreux matériaux sur les grands-prêtres, et ce qui ne paraîtra pas entièrement éclairci, n'a que très peu d'importance.

Aucun écrivain ne met en doute que la succession des grands-prêtres ait été régulière, mais on diffère quelque peu sur la substitution d'une famille à l'autre, dont les membres auraient alternativement rempli les fonctions.

Aaron épousa Elisabeth, fille d'Aminabad, dont il eut quatre fils, Nadab, Abin, Eléazar et Ithamar ; les deux premiers furent tués par le feu du ciel ; les deux autres sont la souche des grands-prêtres et sont alternativement nommés et dépossédés; Eléazar est le deuxième pontife, après la mort de son père (1452), et la charge demeure dans cette branche jusqu'à Héli (1156), qui était de la souche d'Ithamar, quatrième fils : Ces fonctions restèrent dans la famille d'Ithamar jusqu'à Abiatar (1015), époque où Salomon, mécontent de lui, nomma grand-prêtre Sadoc, qui était de la race d'Eléazar.

Le mouvement personnel dans la ligne des grands-prêtres, n'a aucun rapport avec notre Chronologie, nous le mentionnons cependant, parce qu'à deux intervalles, sous Héli et Sadoc, il semblerait qu'il y ait eu deux grands-prêtres en même temps, et alors leurs années d'exercice pourraient être comptées à la suite l'une de l'autre, au lieu d'une seule durée pour les deux.

On sent de quel intérêt il est de prouver par la série des grands-prêtres, qu'il n'y a eu que douze nominations et 480 ans de durée entre le départ des Israélites et la fondation du Temple, puisque ce sont les deux termes de la question.

Si nous nous bornions à indiquer les noms et les dates, ce ne serait que la mention d'un fait qui n'aurait aucune consistance ; on pourrait n'y voir qu'une interprétation particulière de quelques passages des auteurs anciens : Nous allons donc d'abord donner la récapitulation historique pour placer sur son véritable terrain la question qui nous occupe, et ensuite nous déduirons nos arguments et nos preuves.

Aucun écrivain ne peut douter maintenant, après les recherches faites et les travaux les plus consciencieux, que l'Exode ait eu lieu sous Moïse, 1491 ans avant l'ère, et la fondation du Temple en 1011, sous Salomon. Nous avons déjà établi ces preuves dans un autre ordre d'idées, nous allons les confirmer encore par les noms et les dates de la série des grands-prêtres pendant tout ce laps de temps : l'époque de l'Exode est soutenue par tous les auteurs qui ont suivi la Vulgate, et elle est devenue inattaquable par les découvertes faites sur les monuments, sculptures, inscriptions et papyrus des tombeaux égyptiens. On trouvera quelques documents à cet égard dans notre article sur l'Egypte.

Nos autorités pour l'examen de ce point important sont : Ricciolo, Dom Calmet, le père Carrière, l'archevêque Usher, la Bible de Royaumont, les dix commentateurs de la Bible de Clément VIII et Sixte V, etc., etc. Les Paralipomènes donnent les séries complètes des grands-prêtres et indiquent les différents noms dont la succession n'est point interrompue et se trouve d'accord avec Sansovinus, Baradius, Salianus, Ubbo Emmius, Jacob Tirinus, Onifrius Paninus et autres savants qui méritent toute confiance.

A ces attestations, nous voulons encore joindre quelques témoignages :

1° Dom Calmet affirme expressément que l'intervalle entre le commencement d'Aaron (1491) et la nomination d'Héli 1156), est de 335 ans ; or, de cette époque d'Héli à celle de Salomon, il y a 145 ans qui, ajoutés aux 335, reproduisent encore les 480 années, savoir :

Les 335 années mentionnées ci-dessus.........		335	
Héli gouverne seul 20 ans et 20 ans avec Samson............	1156 à 1116	40	
Samuel juge seul..............	1116 1095	21	
» avec Saül	1094 1073	20	480
Saül règne seul 18 ans..........	1073 1055	18	
David règne 40 ans............	1055 1015	40	
Samuel meurt la 2ᵉ année de David à 99 ans.....		2	
Salomon, fondateur du Temple...	1015 à 1011	4	

2° Le père Petau, dans sa Chronique, s'exprime ainsi :

Il y a depuis Aaron jusqu'à la fondation du Temple, 435 ans.

On ne s'expliquerait pas cette assertion si l'on n'y ajoutait pas les quarante années pour le séjour dans le désert, et les cinq premières années d'organisation de Josué après la prise de Jéricho : Nous n'insisterons pas pour tirer un argument de cette note obscurément rédigée dans Petau.

Avant d'exposer le tableau des grands-prêtres, qui doit jeter un grand jour sur la question, nous ferons remarquer que l'abbé de Vence et Dom Calmet ont fait un travail très étudié sur ce point ; ils expliquent les trois monuments qui leur servent de base, savoir :

1° Les divines écritures, où il est fait mention de la plupart de ces grands-prêtres, depuis Aaron jusqu'à Jaddus ;

2° Les ouvrages de Flavien Joseph, qui vont jusqu'à Phannias, qui exerça le dernier ;

3° La chronique juive intitulée Seder-Olam Zeutah, qui élucide ce point depuis Aaron jusqu'au temps de Cyrus (536).

Dom Calmet et l'abbé de Vence estiment qu'il s'écoula 1560 ans depuis Aaron jusqu'à la prise de Jérusalem par Titus, ce qui fait retrouver par le calcul les 1491 ans depuis l'Exode jusqu'à la quatrième année de Salomon.

Ces deux écrivains dont l'un, Dom Calmet, n'est pas aussi explicite dans son résumé, divisent cet espace de temps en neuf parties dont la première d'Aaron à Héli, contient 320 ans et la seconde jusqu'à Sadoc (temps de Salomon) renferme 160 ans, ce qui ramène et justifie encore les 480 ans de l'Exode à la fondation.

ÉTAT DES GRANDS-PRÊTRES DES HÉBREUX

Depuis (1491) l'Exode jusqu'à la quatrième année de Salomon (1011) embrassant un espace de 480 ans. Ces documents ont été extraits : 1° des Livres sacrés ; 2° des Paralipomènes ; 3° de l'histoire de Flavien Joseph, de la Chronologie des Juifs, etc.

N°ˢ D'ORDRE	NOMS DES GRANDS-PRÊTRES	DURÉE	COMMENCEMENT	FIN	NOMS suivant les PARALIPOMÈNES	NOMS suivant FLAVIEN JOSEPH	NOMS suivant le SEDER-OLAM
1	Aaron, frère de Moïse..........	39	1491	1452	Aaron.	Aaron.	Aaron.
2	Eléazar, troisième fils d'Aaron....	19	1452	1433	Eléazar.	Eléazar.	Eléazar.
3	Phinée, quatrième fils d'Aaron...	19	1433	1414	Phinée.	Phinée.	Phinée.
4	Abisue ou Abiezer, fils de Phinée *				Abisue.	Abiezer.	Héli.
5	Bocci, fils d'Abisue *..........	258	1414	1156	Bocci.	Bocci.	Architob.
6	Usi ou Osi, fils de Bocci *.......				Usi.	Usi.	Abiatar.
7	Héli, race d'Ithamar..........	40	1156	1116	Zarias.	Héli.	Sadoc.
8	Architob, neveu d'Héli.........	21	1116	1095	Meraiot.	Architob.	Achima.
9	Acchia, fils d'Architob..........	26	1095	1069	Amarias.	Archimelec	Azarias.
10	Achimelec d'Architob..........	9	1069	1060	Architob I.ᵉʳ	Abiatar.	Joachaz.
11	Abiatar, fils d'Acchia	45	1060	1015	Sadoc 1ᵉʳ.	Sadoc.	Joiarib.
12	Sadoc, race d'Eléazar	4	1015	1011	Achimaas.	Achimaas.	Josaphat.
	* Ces trois numéros, 4, 5 et 6, étaient sous les Juges.	480					

On remarquera que depuis l'année 1414, terme de l'exercice de Phinée, jusqu'à 1156, installation d'Héli, il y a eu 258 ans d'intervalle qui a été rempli par trois Grands-Prêtres ; dans ces temps de trouble, depuis Othoniel jusqu'à Abdon, il s'est produit plusieurs vacances et interruptions des fonctions de Pontife.

Pour terminer ce travail sur la Chronologie des juges, nous allons donner maintenant le détail de ces 480 années, à partir de l'Exode et comprenant Moïse dans le désert, les juges et les rois jusqu'à la quatrième année de Salomon, époque de la fondation du temple de Jérusalem. On aura ainsi l'ensemble de la question. Nous y ajouterons le tableau et le résumé des travaux de la Bible de Vence qui signale les nombreuses erreurs des interprétations du père Houbigant, qu'on peut consulter, mais qu'il serait trop long de détailler ici. Sans doute il est difficile de reconnaître à laquelle de toutes les considérations et preuves que nous présentons, il convient de s'arrêter pour rechercher minutieusement la répartition de chacune des dates qui composent ces 480 années ; mais on remarquera cependant que le chiffre total inscrit dans le Livre des Rois est assez fortement consacré et prouvé pour résister à toutes les objections : Si nous ne sommes pas parvenus à attribuer à chaque judicature sa quotité particulière d'années, nous l'avons suivie de fort près et nous avons au moins régularisé les données principales de cette Chronologie. Il importe peu d'ailleurs, selon nous, que la division des chiffres laisse de côté quelques détails fragmentés, et retire du règne d'un juge quelques années pour les reporter sur son successeur.

Enfin, dans l'état où se trouve la question de ce point historique et chronologique, il ne semble plus possible de chercher à étendre l'espace à 721 ans, 680, etc., etc., car on ne pourrait justifier ces opinions conjecturales par aucun calcul ni document et il ne serait pas possible de remplir ces longs intervalles imaginés.

CHRONOLOGIE DU LIVRE DES JUGES

TEMPS DES JUGES

Depuis l'Exode (1491) jusqu'à la 4ᵉ année de Salomon (1011 ans avant l'ère).

	COMMENCEMENT	DURÉE	FIN
Exode sous Moïse........................	1491		1451
Les Israélites au désert..................		40	1451
Moïse meurt, Josué succède.............	1451	17	1434
17ᵉ année du règne de Josué.............	Les anciens gouvernent.		
Josué meurt...........................	1434	6	1429
OTHONIEL juge 40 ans.			
1ʳᵉ servitude de 8 ans sous Chusan.			
8ᵉ année d'Othoniel............. 1421	1429	40	1390
40ᵉ » » 1390			
AOD juge 80 ans.			
2ᵉ servitude de 18 ans sous Eglon.			
3ᵉ année d'Aod.................. 1387	1390	80	1311
22ᵉ » » 1368			
44ᵉ » » 1346			
80ᵉ » » 1311			

TEMPS DES JUGES (suite).

	COMMENCE-MENT	DURÉE	FIN
Debora, Barrac jugent 40 ans. *3ᵉ servitude de 38 ans sous Jabin Chananéen.* 6ᵉ année de Debora............ 1305 ; 20ᵉ » » .... 1291 ; 40ᵉ » » 1272	1311	40	1272
Gédéon Galaad juge 40 ans. *4ᵉ servitude de 7 ans sous les Madianites.* 2ᵉ année de Gédéon............ 1270 ; 21ᵉ » » .... 1251 ; 40ᵉ » » 1231	1272	40	1231
Abimelec juge 3 ans.	1231	3	1228
Thola juge 23 ans. 12ᵉ année .... 1216 ; 23ᵉ » 1206	1228	23	1206
Jaïr juge 22 ans. 8ᵉ année de Jaïr............ 1198 ; 22ᵉ » » 1185	1206	22	1185

TEMPS DES JUGES (suite).

	COMMENCEMENT	DURÉE	FIN
JEPHTÉ GALAAD juge 6 ans.			
5ᵉ servitude de 18 ans sous les Ammonites.			
2ᵉ année de Jephté............ 1185	1185	6	1180
6ᵉ » » 1180			
ABESAN ESEBON juge 7 ans.			
1ʳᵉ année de Abezan............ 1180	1180	7	1173
7ᵉ » » 1173			
ABILON juge 10 ans.			
10ᵉ année d'Abilon............ 1163	1173	10	1163
ABDON juge 8 ans.			
3ᵉ année d'Abdon............ 1160	1163	8	1156
8ᵉ » » 1156			
HÉLI juge les Israélites 20 ans............	1156	20	1137
6ᵉ servitude de 40 ans sous les Philistins.			
SAMSON juge avec HÉLI 20 ans............	1137	20	1116

TEMPS DES JUGES (suite).

	COMMENCEMENT	DURÉE	FIN
Samuel juge seul 21 ans.................	1116	21	1095
Il s'adjoint Saül qui juge 20 ans avec lui.......	1094	20	1073
Saul, roi...........................	1073	18	1055
Samuel juge encore 2 ans sous David. David, roi, règne 40 ans à Jérusalem et Hébron.	1055	40	1015
Salomon règne......................	1015		
Fondation du Temple. La 4e année.....................	1015	4	1011

BIBLE DE VENCE

CALCUL DES 480 ANNÉES QUI SE SONT ÉCOULÉES DEPUIS LA SORTIE D'EGYPTE JUSQU'A LA FONDATION DU TEMPLE.

Les 480 années que le texte sacré compte depuis la sortie d'Egypte jusqu'à la fondation du Temple, doivent être partagées en deux intervalles, suivant ce que dit Jephté lorsqu'il représente aux Ammonites qu'il avait laissé les Israélites en possession du pays qui était à l'orient du Jourdain pendant trois cents ans.

Les Israélites étaient entrés dans ce pays quarante ans après la sortie d'Egypte : Il faut donc compter 340 ans depuis l'Exode jusqu'à l'irruption des Ammonites au temps de Jephté, et 140 ans depuis cette irruption jusqu'à la fondation du Temple (1011).

Les intervalles seront donc remplis comme il suit :

PREMIER INTERVALLE.

Depuis la sortie des enfants d'Israël hors d'Egypte jusqu'à la mort de Moïse.................................. années 40

Pour le gouvernement de Josué, suivant une ancienne tradition... 27

Temps de liberté depuis la mort de Josué, par évaluation... 32

Durée de la servitude sous Chusan Rasathaïm............ 8

Durée de la paix procurée par Othoniel................. 40

Durée de la servitude sous Eglon, roi de Moab 18

Durée de la paix procurée par Aod..................... 80

Dans l'intervalle de cette paix, qui dura quatre-vingts ans au delà du Jourdain, se trouvent renfermées la servitude sous Jabin, en deçà du Jourdain, pendant vingt ans, et la paix qui fut procurée par Débora et qui dura quarante ans.

Durée de la servitude sous les Madianites en deçà et au delà du Jourdain... 7

Durée du gouvernement de Gédéon.................... 40

Gouvernement d'Abimelec........................... 3

Gouvernement de Thola............................	23
Gouvernement de Jaïr.............................	22
Durée de ce premier intervalle....	340

DEUXIÈME INTERVALLE.

Servitude sous les Philistins, en deçà du Jourdain........	40
Gouvernement de Samuel, par évaluation..............	16

Dans l'intervalle des quarante années de la servitude sous les Philistins et des seize années qui restent pour le gouvernement de Samuel, se trouvent comprises, la servitude sous les Ammonites pendant dix-huit ans et les gouvernements successifs de Jephté pendant six ans, Abesan, dix, Abdon, huit ans. Ces quatre juges n'exercèrent leur autorité qu'au delà du Jourdain.

En deçà du fleuve, se trouve Samson, qui fut juge d'Israël pendant vingt ans, mais qui ne fit que commencer la délivrance achevée par Samuel.

Dans ce même intervalle expirent les quarante années de pontificat d'Héli, qui mourut vingt ans avant la délivrance opérée par Samuel.

Durée du règne de Saül	40
Durée du règne de David..........................	40
Les quatre premières années de Salomon..............	4
Total du deuxième intervalle......	140

Total du premier intervalle........................ 340
» du deuxième intervalle 140
                                    Ensemble..... 480

La Bible de Vence (3ᵉ vol., p. 537) détaille quinze erreurs que le père Houbigant commet dans l'interprétation chronologique du Livre des Juges, et il remplit comme nous l'avons inscrit ci-dessus, l'intervalle de 480 ans entre 1491 et 1011.

CALCUL DES ÉCLIPSES

N° 1

DISSERTATION SUR LES ECLIPSES DE L'ANTIQUITÉ ET JUSQU'A L'ÈRE VULGAIRE

Les premières notions de l'astronomie remontent à une époque très reculée. Ce ne fut pendant longtemps, que l'observation du ciel et du retour régulier des corps sidéraux ; on croit avoir trouvé, plus de 2200 ans avant l'ère, chez les Chaldéens d'abord, les Assyriens et les Egyptiens, les traces de calculs sur cette science, aujourd'hui si étendue et si profonde qu'on peut reconnaitre et fixer la densité, la distance et le parcours de ces créations célestes ; cet admirable système frappe d'étonnement l'imagination, et confond l'esprit humain ; par l'impression que nous causent ces mouvements immenses et ces intervalles de plusieurs millions de lieues, nous concevons déjà une ferme religion tirée des merveilles du Créateur ; c'est la foi dans ses œuvres et dans sa puissance.

Le mot éclipse signifie manque ou absence (de lumière); l'éclipse de soleil est causée par l'intervention de la lune ; l'éclipse de la lune résulte de l'intervention de la terre interceptant la lumière de la lune, qu'elle tient du soleil.

Dans toute année, le nombre des éclipses de ces deux luminaires ne peut pas être, sur un même lieu, moindre de deux, qui seront de soleil, ni plus de sept; le nombre moyen est de quatre, et il est fort rare qu'il y en ait plus de six.

Mais quoique l'éclipse solaire soit plus fréquente, celles lunaires sont plus souvent observées dans un lieu ou l'autre. Une éclipse de lune est visible aux habitants de la moitié du globe au même moment, tandis qu'une éclipse solaire est aperçue seulement dans la partie de la terre traversée par l'ombre partielle qui se projette sur un point spécial.

Une éclipse totale de lune peut amener la privation de la lumière pendant une heure et demie dans son entière immersion dans l'ombre, tandis qu'une éclipse totale de soleil ne peut exister, sur un lieu donné, plus de quatre minutes.

Sous le consulat de Tibère César Auguste et Elius Sejan (de la fondation de Rome, 784), ère vulgaire 31, le supplice de Jésus-Christ eut lieu. Il existe, pour affirmer cette date et ce fait, le Concile de Césarée de l'ère vulgaire 198, la Chronique d'Alexandrie, Maxime, Nicéphore Constantin, Cédrenus, Eusèbe, Epiphanius, Kepler, Petau, et autres.

Avant que la cause des éclipses fût connue, les anciens les considéraient comme les signes des temps ; ils les croyaient des manifestations de la colère céleste.

On ne découvre pas l'époque reculée où les Grecs commencèrent à calculer les éclipses : Au temps de Thalès, né en 639 (avant l'ère vulgaire), les éléments du calcul étaient connus en Grèce, car Hérodote explique que cet astronome a prédit aux Joniens l'éclipse qui mit fin à la guerre entre les Mèdes et les Lydiens.

Cette célèbre éclipse solaire forme l'un des plus importants éléments pour accorder et consolider les Chronologies assyrienne, babylonienne, médique, lydienne et grecque, dans les plus vives et les plus intéressantes périodes de leurs histoires ; mais plus de vingt-cinq auteurs ont hésité pour adopter une même éclipse parmi les sept observées en 618, 607, 604, 601, 597, 585 et 583, dont nous donnons ci-après le tableau.

La cause de cette confusion provient des vagues indications fournies incidemment par Hérodote, ainsi qu'il suit :

« Dans la sixième année de la guerre entre les Mèdes et les
« Lydiens, pendant une bataille acharnée, l'obscurité survint ;
« Thalès de Milet avait prédit cet événement aux Joniens et indiqué
« l'année où il aurait lieu ; la bataille cessa ; on témoigna le désir
« de faire la paix : Syennesis, roi de Cilicie, et Labinetus, roi
« de Babylone, furent les médiateurs, et Astyages, fils de Cyaxare,
« épousa Aryenis, fille d'Alyatte. »

Ces faits constatés et fixés par des dates, ont une grande importance historique.

La seule description de cette éclipse, mentionnée par Hérodote et qu'il a plusieurs fois répétée, c'est qu'elle fut totale ; il paraîtrait que celle de 603 fut la seule dans ce cas, et que son étendue a été calculée à plusieurs reprises, en 1728, 1754 de l'ère vulgaire, par le père Pingré, Mayer, Stukely, Costard et autres.

Nous donnons ci-après le tableau de ces sept éclipses.

TABLEAU DES AUTEURS

ET LEURS OPINIONS SUR LA DATE QUE DOIT AVOIR L'ÉCLIPSE SOLAIRE DE THALÈS.

		Avant J.-C.
Howe pense que l'éclipse de Thalès est du 5 mars 618..		618
Calvisius id.	30 juillet ...	607
Bayer, Mayer, Costard, Stukely, Pingré, Lalande, Montucla, Kennedy, Plaifer, Hales....................	18 mai.....	603
Usher et quelques auteurs............	19 septembre	601
Petau, Marsham, Hardouin, Bouhier, Larcher.....................	9 juillet....	597
Pline, Scaliger, Strauchius, Riccioli, Newton, Fergusson, Vignoles, Jackson	28 mai.....	585
Scaliger, Eudemus................	1er octobre..	583

L'année 583 n'a pas été appuyée de considérations bien étudiées ; les cinq autres dates qui désignent les mois et même les jours qu'adoptent chacun des auteurs, sont une preuve de l'intérêt qu'on attache à la véritable fixation de l'éclipse de Thalès ; le fait lui-même étant, en principe, complétement admis par tous les chronologues et mentionné dans les histoires, traditions et légendes, il n'existe alors qu'une discordance de quelques années seulement.

L'astronome Bailly a traité longuement de l'astronomie ancienne, mais sa mention d'éclipse la plus reculée ne remonte qu'à 720 ans avant l'ère vulgaire ; il témoigne avec raison de bien peu de confiance dans les observations des différents peuples qui signalent des connaissances en astronomie dès le temps d'Abraham et même quelques siècles auparavant, chez les Chaldéens et les Egyptiens.

L'astronomie est une partie essentielle de l'histoire de l'esprit humain ; elle est née dans les champs et a passé des individus les plus simples aux esprits les plus sublimes ; elle est la mesure la plus avancée de l'intelligence de l'homme, qui n'y a pas trouvé la perfection qui lui est refusée dans toute les branches du génie ; mais, dans aucun genre de connaissances, l'esprit humain n'a déployé plus de ressources ; cependant sa destinée est de s'approcher sans cesse du terme et de n'y jamais atteindre, car il n'existe pas ici-bas de précision exacte, elle est relative au développement de l'industrie et aux moyens mécaniques qui sont en notre puissance ; quelle que soit la marche rapide de l'intelligence de l'homme, il aura toujours devant lui un immense horizon inconnu ; quand la vérité est inaccessible, l'erreur est bien plus difficile à démontrer ; c'est pour ce motif qu'il faut s'attacher à la religion, plutôt par la foi que par notre raison et notre jugement, qui sont si imparfaits. Aussi Derham, dans sa théologie astronomique, fait-il remarquer que les découvertes de l'astronomie sont autant de preuves de l'existence de Dieu.

Les sciences n'ont quelquefois qu'une direction incertaine, et tantôt les lumières manquent aux faits, tantôt les faits manquent aux lumières ; quand l'esprit humain a embrassé une mauvaise hypothèse, c'est uniquement parce qu'il n'avait pas assez d'étendue pour en apercevoir d'autres et pour les approfondir ; parce qu'il n'avait pas assez de justesse pour en découvrir les défauts, ou qu'il manquait de capacité pour en comprendre les rapports et les relations.

De nouvelles observations sont venues avant que les précédentes aient été expliquées; le progrès avançait plus vite que l'application, ou flottait de l'inconnu à l'inconnu, et l'homme ainsi a parcouru le cercle des suppositions et celui, plus grand encore, des erreurs, avant de parvenir à la vérité dont le caractère est d'expliquer les faits et de les confirmer ou annuler par les découvertes de l'avenir, qui est l'expérience du lendemain.

Le goût des sciences et des lettres, en adoucissant les mœurs, rend les hommes meilleurs et plus heureux ; elles écartent l'envie et l'ambition ; elles portent à la vertu par l'amour de la vérité qu'on recherche. Peut-on sonder les profondeurs de la terre, interroger ses secrets, scruter les astres du firmament, n'admettre pour vrai que ce qui l'est réellement, et ne pas suivre et professer dans toute la conduite de sa vie, l'amour de la vérité qui devient alors principe?

On pourrait dire que dès que le Ciel a eu des témoins, il a eu des admirateurs et bientôt des observateurs ; le véritable inventeur de l'astronomie est-il celui qui, découvrant la première vérité, a posé les bases de nos connaissances ? La question serait décidée si l'on pouvait s'en rapporter aux traditions ; chaque nation nomme ses premiers guides, Uranus chez les Atlantes, Fo-Hi en Chine, Thot ou Thaut en Egypte, Zoroastre en Perse et Babylonie ; mais ceci ne suffit qu'à l'imagination qui se contente de noms et qui, dans les annales, veut croire sur parole la vanité des peuples.

Les anciens, Chaldéens, Egyptiens, Chinois, passent pour avoir eu des notions très avancées sur l'astronomie, mais ces matières touchent à une critique délicate ; les traditions et les légendes citent de nombreuses observations d'éclipses, et le *Chou-King* des Chinois en fait remonter à plus de 2000 ans avant l'ère.

Les Chaldéens présentent aussi des calculs astronomiques qui datent de 2234 avant l'ère ; mais il faut user de beaucoup de réserve et rassembler d'abord ces obscurs éléments, constater ces découvertes, les éclairer les unes par les autres et peser les probabilités, en remontant aux premières traces de l'astronomie ; il faut fixer la date des faits, la comparer avec le degré de civilisation et le génie du peuple, avant de prononcer qu'il a pu s'élever au mérite de l'invention.

Le défaut de précision dans l'observation, le point de départ mal posé ou inexactement interprété, ont rendu sans fruit les secours que les anciennes éclipses auraient pu apporter à la Chronologie ; aussi à peine les écrivains osent-ils invoquer ces autorités avec quelque sécurité ; ils deviennent incertains dans leurs citations, et la crainte qu'ils conçoivent ou au moins le doute, font souvent confondre ce qu'il y a de véritable avec ce qui n'est que le produit de l'inspiration ou de la superstition des nations et des observateurs.

Les manuscrits des bénédictins de Saint-Maur ont établi un relevé intelligent et très laborieux, fait par l'abbé Pingré, des éclipses qui ont eu lieu pendant mille ans avant l'ère vulgaire, dans la partie supérieure du globe, depuis le pôle nord jusqu'à l'équateur ; dans l'intervalle de ces mille années, ils constatent 2850 éclipses de lune et de soleil ; ils en donnent l'étendue, l'époque et le calcul, mais aucun renseignement ne les fixe à un point synchronique quelconque de l'histoire sacrée ou profane.

Diogène Laerce, dans la vie des philosophes grecs, a donné un tableau de 373 éclipses de soleil et 832 de lune ; il fait remarquer que c'est l'exact nombre qui peut arriver rigoureusement dans l'espace de 1250 ans ; mais Diogène Laerce était fort peu scrupuleux sur les sources où il puisait ses récits et il admetttait presque tout ce qu'il trouvait dans les écrivains qui l'avaient précédé ; cependant Bailly cite également le même nombre d'éclipses en 1200 ans sur un même horizon, et il voit dans cette assertion de Diogène Laerce une preuve qu'elle ne fut pas fictive et que les observations ont été réellement faites, car, dit-il, l'ignorance, quand elle invente une opinion, ne rencontre pas si heureusement.

Diodore de Sicile affirme encore que les Egyptiens étaient fort avancés dans l'astronomie et qu'ils faisaient usage de tableaux et récapitulations fort estimés en Asie.

Mais il faut apporter dans l'emploi de tous ces matériaux la plus prudente circonspection.

Nous admettons l'opinion générale que les phénomènes célestes sont regardés constamment chez les chronologistes comme un des moyens les plus sûrs pour vérifier certaines époques importantes, mais il y a deux autres principes à considérer. Il faut : 1° que ces phénomènes soient réellement arrivés dans la condition voulue et qu'ils aient été observés exactement dans le temps même où le fait qu'on veut constater, a eu lieu ; 2° que des auteurs, alors contemporains, aient établi la coïncidence céleste avec l'événement arrivé sur notre globe : c'est ainsi que l'on s'est assuré que deux éclipses de soleil, en 431 et en 43 avant l'ère, ont signalé la première année de la guerre du Péloponèse et la mort de César.

En vain, dirait-on que Diogène Laerce a constaté le fait des 1205 éclipses ; que Sénèque et Conon de Samos ont recueilli en Egypte les souvenirs des éclipses, conservés par les Egyptiens ; que d'ailleurs Diodore de Sicile aurait démontré que les anciens Egyptiens calculaient avec précision ces phénomènes.

Pour anéantir ces prétendues autorités il suffirait de se reporter à celles de Ptolémée et Hypparque, qui gardent absolument le silence sur ce point. D'ailleurs Bailly a conclu que ces travaux, attribués aux Egyptiens, ont été faits par les Chaldéens et portés et conservés en Egypte : Le savant historien astronome appuie ses opinions sur les arguments ci-après :

1° Hipparque et Ptolémée se sont servis à Alexandrie, des observations des Chaldéens, preuve qu'elles y avaient été transportées ;

2° Il n'est nullement vraisemblable que les travaux égyptiens aient pu être recueillis par Conon et n'aient plus existé en Egypte au temps d'Hypparque, c'est-à-dire 120 ans après ;

3° Aucun astronome, à quelque époque que ce soit, n'a fait mention des observations que pouvait contenir le travail de Conon ;

4° Diogène Laerce ne cite point les auteurs qui ont produit et affirmé le fait des 1205 éclipses arrivées en Egypte avant Alexandre, et cependant il faudrait prouver d'une manière convaincante, une allégation de cette importance ;

5° Sénèque, en parlant de ces observations, fait remarquer, ainsi que Bailly, qu'elles ont été conservées et non pas *faites* en Egypte, d'où il suit qu'elles n'appartiennent pas aux Egyptiens.

Lors même que nous accorderions que ces 1205 éclipses ont été signalées en Egypte, la conséquence qu'on en voudrait tirer n'aurait aucune valeur, puisqu'il arrive en moyenne trois à quatre éclipses par année, et que 400 ans suffiraient pour représenter les 1205 observations ; alors, si les Egyptiens ont fait ces découvertes sidérales 400 ans avant le règne d'Alexandre, ce n'est pas là une antiquité à comparer avec celle des Livres Saints, puisque ce ne serait que la date de 700 ans avant l'ère, tandis que l'époque seule de Moïse dépasse 1500 ans.

On voit dans tous ces raisonnements introduits en opposition aux Livres Saints, le grand argument des philosophes modernes contre la Chronologie biblique ; aussi avons-nous voulu les analyser, et prémunir contre ces calculs astronomiques en matière de conjonction de planètes.

Il n'y a donc qu'une nomenclature stérile dans les exposés des auteurs que nous venons de citer et dans les 2850 éclipses rapportées par l'abbé Pingré et dont il donne le détail ; ce travail ne peut nous être d'aucune utilité ; mais nous pouvons trouver des ressources précieuses et des arguments de la plus haute portée dans les ouvrages et observations de Ricciolo, Petau, Calvisius, de Vignolles et autres. Nous allons donner, d'après les documents fournis par ces savants, un état des éclipses certaines, depuis 776 (la première olympiade) en ajoutant à chaque démonstration et date un fait contemporain soit dans l'histoire sacrée, soit dans la profane. C'est un élément dans lequel on pourra puiser pour apprécier nos détails de Chronologie.

Comme la certitude de ces phénomènes célestes est infaillible et que l'on peut trouver précisément leur temps et qualités par les tableaux astronomiques dans chaque siècle, on regarde avec raison les éclipses comme l'un des fondements de la Chronologie ancienne, qui est sujette à tant de difficultés ; elles servent, en effet, à fixer démonstrativement l'année des événements principaux, et souvent on en tire des conséquences pour d'autres faits qui sont liés aux premiers.

Dans la liste suivante, outre les éclipses dont les écrivains anciens ont parlé, nous avons cru devoir faire mention aussi, de celles que les plus savants chronologues et astronomes modernes ont jugé, par leurs calculs, devoir être appliquées aux histoires anciennes.

ECLIPSES AVANT L'ÈRE VULGAIRE

RECONNUES ET CALCULÉES AVEC LEURS ÉPOQUES ET RELATIONS HISTORIQUES.

ANNÉES	SOLEIL Nos	LUNE Nos		
776	1		6 septembre. —	Eclipse de soleil observée en Chine et la première dont on soit assuré. Confucius la mentionne : C'est le temps exact de la première olympiade.
772	2		24 juin..... —	Eclipse totale de soleil. Naissance de Romulus : Elle eut lieu à neuf heures du matin, d'après Plutarque et Cicéron. Elle est aussi reconnue par Denis d'Halicarnasse et Ricciolo. Isaïe prophétise.
753	3		21 avril..... —	Eclipse de soleil la première année de la fondation de Rome, suivant Petau, Varron, Plutarque : deuxième année du règne de Pekach, roi d'Israël.
721		1	19 mars..... —	Eclipse de lune observée à Babylone par les Chaldéens, la première année de Mardocempad, vingt-septième de Nabonassar : Ptolémée et Petau la citent et reconnaissent.

ANNÉES	SOLEIL Nos	LUNE Nos		
720		2	9 mars.....	— Eclipse de lune observée aussi à Babylone la deuxième année de Mardocempad ; elle a été calculée par Petau comme contrôle (1re année d'Ezéchias).
720		3	1er septembre.	— Eclipse de lune, six mois après la précédente, observée à Babylone, suivant Ptolémée.

Les trois éclipses ci-dessus contrôlent l'ère de Nabonassar 747.

715	4		26 mai.....	— Eclipse de soleil, suivant Denis d'Halicarnasse, Cicéron, Plutarque ; elle arriva à la mort de Romulus, la deuxième année de la seizième olympiade : vérifiée par Petau.
621		4	22 avril.....	— Eclipse de lune, cent vingt-septième année de Nabonassar, observée à Babylone, rapportée par Ptolémée.

Les six éclipses suivantes ont plus ou moins rapport à la célèbre éclipse de soleil qui, selon Hérodote, mit fin au combat livré entre Halyatte, roi de Lydie, et Cyaxare, roi des Mèdes ; éclipse prédite par Thalès ; — la plus grande partie des témoignages des savants est pour l'année 603.

607	5		30 juillet....	— Eclipse de soleil à Sardes en Lydie, selon Petau ; elle fut visible à deux heures en Mésopotamie ; elle n'a pu causer la nuit dont parle Hérodote.

ANNÉES	SOLEIL Nos	LUNE Nos		
603	6		18 mai.....	— Eclipse de soleil calculée par le père Petau et affirmée par le plus grand nombre des astronomes comme étant celle de Thalès (Costard, Kennedy, Montucla).
604	7		20 septembre.	— Eclipse de soleil rapportée par Petau ; Usherius pensait que c'était celle décrite par Hérodote, mais elle était de trop petite dimension.
597	8		9 juillet....	— Eclipse de soleil, suivant Hérodote : Labbe et Marsham, ainsi que Langlet, la croyaient celle de Thalès (Bouhier, l'a calculée).
585	9		28 mai......	— Eclipse de soleil la quatrième année de la quarante-huitième olympiade, 170 ans de la fondation de Rome, suivant Pline : Ricciolo, Kepler, Newton la prennent pour celle d'Hérodote.
584	10		16 mars.....	— Eclipse de soleil visible en Lydie, crue celle d'Hérodote, mais à tort, selon Petau, qui fait remarquer que Cappel, Temporarius et Simson sont seuls de leur avis sur cette observation.
547	11		22 octobre...	— Eclipse de soleil. Cyrus prend Larissa en Médie (Xénophon).

ANNÉES	SOLEIL N°s	LUNE N°s		
523		5	17 juillet....	— Eclipse de lune à Babylone, septième année de Cambyse, 225 de Nabonassar (Ptolémée).
502		6	19 novembre.	— Eclipse de lune, vingtième année de Darius Hystaspe, qui succéda à Cambyse, 246 de Nabonassar (Ptolémée).
491		7	25 avril.....	— Eclipse de lune, trente et unième année de Darius, fils d'Hystaspe, 257 de l'ère de Nabonassar. Observée à Babylone (Ptolémée et Petau).
480	11		2 octobre...	— Eclipse de soleil vue en Grèce, suivant Calvisius ; elle épouvanta Cléombrote, peu après la bataille de Salamine. Ricciolo la met, à tort, deux ans après ; les Perses avaient alors quitté la Grèce.
463	12		30 avril.....	— Eclipse de soleil observée à Athènes, première année de la soixante et dix-neuvième olympiade, suivant Eusèbe ; Petau la mentionne ; les Egyptiens se révoltent contre les Perses ; deuxième année d'Artaxercès.
431	13		3 août......	— Eclipse de soleil ; elle fut totale ; la première année de la guerre du Péloponèse, deuxième année de la quatre-vingt-septième olympiade (Petau, Kepler, Thucydide, Périclès, Plutarque).

ANNÉES	SOLEIL Nos	LUNE Nos		
425		8	9 octobre...	— Eclipse de lune dont parle Aristophane dans sa comédie des Nuées, sous l'archontat de Statoclès (Calvisius).
424	14		21 mars....	— Eclipse de soleil citée par Thucydide, visible à Athènes, la huitième année de la guerre du Péloponèse, première année de la quatre-vingt-neuvième olympiade (Petau l'a calculée).
413		9	27 août.....	— Eclipse de lune à Syracuse, dix-neuvième année de la guerre du Péloponèse, quatrième année de la quatre-vingt-onzième olympiade (Thucydide, Polybe, Plutarque, Petau). Défaite des Athéniens à Syracuse.
406		10	15 avril.....	— Eclipse de lune à Athènes, troisième année de la quatre-vingt-treizième olympiade, année de l'incendie du temple de Minerve. Xénophon en fait mention, ainsi que Petau : vingt-sixième année de la guerre du Péloponèse.
404	15		3 septembre.	— Eclipse de soleil à Athènes, dernière année de la guerre du Péloponèse, première année de la quatre-vingt-quatorzième olympiade, citée par Xénophon, calculée par Petau.

ANNÉES	SOLEIL Nos	LUNE Nos		
394	16		14 août.....	— Eclipse de soleil rapportée par Xénophon. Conon vainquit les Lacédémoniens en combat naval, dans l'île de Chypre (Petau).
383		11	23 septembre.	— Eclipse de lune à Babylone, 364ᵉ année de Nabonassar (Ptolémée), calculée par Petau. Naissance d'Aristote.
382		12	18 juin	— Eclipse de lune à Babylone, 365ᵉ année de Nabonassar (Ptolémée), calculée par Petau.
382		13	18 juin	— Eclipse de lune, vue à Babylone, 365ᵉ année de Nabonassar (Ptolémée), calculée par Petau.
382		14	12 décembre.	— Eclipse de lune, vue à Babylone, 366ᵉ année de Nabonassar (Ptolémée, Petau).
364	17		13 juillet....	— Eclipse de soleil, vue à Athènes, première année de la 104ᵉ olympiade, avant que Pelopidas fût vaincu par les Thessaliens (Diodore Calvisius) : bataille de Mantinée.
357	18		29 février ...	— Eclipse de soleil, Syracuse (Calvisius, Plutarque) : Temple d'Ephèse brûlé.
357		15	9 août	— Eclipse de lune, vue à l'île Zacinte lorsque Dion en partit pour attaquer Denis de Syracuse (Calvisius).

ANNÉES	SOLEIL Nos	LUNE Nos		
343	19		15 septembre.	Eclipse de soleil (Tite-Live). Consulat de Manlius Torquatus : Il pleut des pierres, suivant Ricciolo. Le père Petau doute de ce fait.
331		16	21 septembre.	Eclipse de lune. Bataille d'Arbelles, victoire d'Alexandre sur Darius (Diodore, Plutarque). Darius tué par Bessus.
310	20		15 août.....	Eclipse de soleil. Troisième année de la 117e olympiade, lorsque Agathocle passa en Afrique ; vue à Syracuse, suivant Justin, Diodore, Petau.
220 217	21		11 février...	2 éclipses de soleil que les auteurs, au rapport de Ricciolo, ont continué de confondre. Arrivées en 534, 537 de la fondation de Rome (Tite-Live, Calvisius).
216		17	1er septembre.	Eclipse de lune à Pergame en Lydie. Calvisius la croit d'un an après (Polybe).
215		18	20 mars.....	Eclipse de lune, vue en Asie Mineure, 535 de Rome (Polybe, Petau).
203	22		6 mai	Eclipse de soleil à Fresine, sous le consulat de Cornelius (Tite-Live, Petau).
202	23		19 octobre...	Eclipse de soleil à Cumes, sous Néron, 551e année de la fondation de Rome (Tite-Live, Petau, Ricciolo). Antiochus-le-Grand envahit la Judée.

ANNÉES	SOLEIL Nos	LUNE Nos		
201		19	22 septembre. —	Eclipse de lune à Alexandrie, 547 de Nabonassar (Ptolémée, Petau).
200		20	20 mars..... —	Eclipse de lune, vue à Alexandrie, 548 de Nabonassar (Ptolémée, Bouillaud, Petau).
200		21	12 septembre. —	Eclipse de lune à Alexandrie, six mois après la précédente (Ptolémée, Petau). Défaite d'Annibal.
198	24		7 août..... —	Eclipse de soleil. Consulat d'Ælius Pœtus; vue en Grèce et Rome, suivant Calvisius.
190	25		14 mars .... —	Eclipse de soleil, 564 de la fondation de Rome, consulat de Cornelius Scipion (Tite-Live, Petau).
188	26		17 juillet...; —	Eclipse de soleil, 566 de la fondation de Rome, suivant Tite-Live et Petau.
174		22	1er mai...... —	Eclipse de lune vue à Alexandrie la septième année de Ptolémée Philopator, 574 de Nabonassar (suivant Ptolémée, Calvisius, Petau).
168		23	4 septembre. —	Eclipse de lune, 586 de Rome, la veille de la victoire de Paul Emile sur Persée (Tite-Live, Petau, Pline, Plutarque). Martyre du vieux Eléazar.
159	27		1er janvier... —	Eclipse de soleil que décrit Herwaert, mais que le père Ricciolo n'adopte pas.

ANNÉES	SOLEIL Nos	LUNE Nos		
141		24	27 janvier...	Eclipse de lune vue à l'île de Rhodes, 607 de Nabonassar (Muller, Ptolémée, Ricciolo). Deuxième année de Simon Macchabée.
129		25	5 novembre.	Eclipse de lune vue à Athènes, quatrième année de la 162ᵉ olympiade, lors de la mort de Carneades (Diogène de Laerce, Calvisius, Petau).
127	28		1ᵉʳ février...	Eclipse de soleil décrite par Herwaert et Ricciolo.
104	29		19 juillet....	Eclipse de soleil, vue à Rome, 650 de la fondation de Rome (Herwaert, Ricciolo, Calvisius).
102	30		22 novembre.	Eclipse de soleil. Consulat de Marius. Ricciolo et Calvisius n'en font pas mention.
64		26	7 novembre.	Eclipse de lune à Rome ; Cicéron en parle (Calvisius).
60	31		16 mars.....	Eclipse de soleil, vue peu à Rome, mais totale en Espagne (Calvisius).
54	32		7 mars.....	Eclipse de soleil vue à Rome, 703 de la fondation, au moment où César passa le Rubicon (Petau, Dion). Première année de Ptolémée XII.
45		26	7 novembre.	Eclipse de lune vue à Rome. Ovide en parle, selon Calvisius. Première année Julienne, réformation par César.

ANNÉES	SOLEIL Nos	LUNE Nos		
43	33		15 mars..... —	Eclipse de soleil. Mort de Jules César (suivant Aurélien). Victor Dion, Joseph, Virgile, Ricciolo en font mention.
36	34		19 mai...... —	Eclipse de soleil vue en Sicile. Consulat Publico (Calvisius).
31	35		20 août..... —	Eclipse de soleil. Quatorze jours avant la bataille d'Actium, sous le consulat d'Auguste.
4		27	13 mars .... —	Eclipse de lune en Judée, suivant Petau et Usherius, qui croient que c'est celle mentionnée par Joseph, l'historien.
1		28	10 janvier... —	Eclipse de lune, suivant Calvisius.
1		29	29 décembre. —	Eclipse de lune vue en Judée, suivant Ricciolo.

N° 2

FONDATION DE ROME (753)

CONSTATÉE PAR LES ÉCLIPSES ET ROIS DE ROME, DEPUIS ROMULUS JUSQU'A LA RÉPUBLIQUE.

La célèbre ère romaine suit immédiatement, dans l'ordre des temps, l'histoire et la chronologie de la Grèce ; son rapport avec l'ère vulgaire est également prouvé par l'histoire et par l'astronomie.

Censorinus a établi que l'année 238 de l'ère dans laquelle il écrivit son ouvrage, était la 991e de la fondation de Rome (753, suivant la computation de Varron) : 991 moins 238 donnent en effet 753 ans.

Cicéron et Plutarque rapportent tous deux que le jour de la fondation de Rome il y eut une éclipse totale de soleil qui, suivant Plutarque, arriva dans la troisième année de la sixième olympiade : soit 23 ans à déduire de la première olympiade, 776, il reste 753 ans. Par le calcul astronomique, il y eut une éclipse de soleil visible à Rome, 753 avant l'ère, qui se rapporte entièrement à la première indication. Cette coïncidence fait concorder ensemble les deux ères grecque et romaine.

Tite-Live rappelle que sous le consulat de Livius Salinator et Valerius Messala, 566 de la fondation de Rome, il y eut une éclipse de soleil qui, par calcul astronomique, arriva 188 avant l'ère : la réunion de ces deux chiffres donne 754 années complètes ou 753 années courantes.

Tite-Live rapporte encore que, sous le consulat de Paul Emile et Licinius Crassus, de la fondation de Rome 586, Gallus, tribun militaire, prédit qu'une éclipse de lune arriverait la nuit suivante, laquelle eut lieu, en effet, la nuit, avant la célèbre bataille de Pydna, dans laquelle Persée, roi de Macédoine, fut défait, ce qui encouragea les Romains et dispersa les ennemis ; or, on reconnaît, par l'astronomie, qu'il y eut en effet une éclipse avant l'ère 168 qui dura une heure, concordant entièrement avec les indications de Gallus. Ces deux dates réunies, 586 et 168, présentent 754 années complètes ou 753 années courantes.

La fixation de 753 ans, faite par Varron, se trouve donc parfaitement appuyée par ces éclipses.

Romulus fonde Rome et règne 37 ans, premier roi.......	753
Tatius, roi des Sabins, règne avec Romulus............	748
Tatius est tué.................................	743
Romulus disparaît...............................	716
Numa Pompilius élu roi règne 43 ans, deuxième roi......	715
Tullius Hostilius règne 32 ans, troisième roi............	672
Combat des Horaces et Curiaces.....................	669
Guerre contre les Latins	651
Ancus Martius règne 24 ans, quatrième roi.............	640
Ancus bâtit Ostie................................	622
Tarquin l'Ancien règne 38 ans, cinquième roi...........	616

Guerre contre les Etrusques	596
Servius Tullius règne 44 ans, sixième roi	578
Premier dénombrement du peuple romain	566
Tarquin le Superbe règne 25 ans, septième roi	534
Le Capitole est bâti	515
Tarquin est chassé de Rome et la République est proclamée	509

La monarchie a duré 244 ans, depuis 753 jusqu'a 509.

La mort ou la disparition de Romulus, qui fut enlevé ou assassiné pendant un violent orage et où l'obscurité était complète (suivant Tite-Live), parait se rapporter à une éclipse de soleil observée en 715, ce qui affirme son règne de 38 années (compris l'interrègne) commençant en 753, et donne un argument astronomique d'une grande valeur.

L'ensemble du règne des sept rois de Rome comprend 244 ans, depuis la fondation jusqu'à l'abolition des rois, mais cela peut à peine se concilier avec les conditions naturelles de la vie, des règnes et des générations. Il n'y a pas d'exemple dans l'histoire, depuis l'époque de certitude de la Chronologie, que sept rois, dont la plupart ont été assassinés, aient pu régner 244 ans en continuelle succession, offrant 34 ans pour chacune, proportion au delà de toute probabilité. Cependant, d'un autre côté, dans les monarchies turbulentes et électives, les interrègnes sont souvent plus longs que les règnes héréditaires et on ne peut constater, d'après la forme constitutive du gouvernement romain à cette époque, que ces interrègnes ont presque toujours eu lieu à chaque changement de roi : Le sénat des patriciens instituait alors un intérim jusqu'à ce que le successeur fût élu et que cette élection fût ratifiée par le peuple assemblé dans ses comices.

Ainsi Tite-Live mentionne une interruption à la mort de Romulus, qui dura un an. Il en constate deux, après Numa et Tullius Hostillius, mais sans fixer leur durée, et il remarque que Tarquin le Superbe précipita l'élection, afin d'exclure les jeunes fils de son prédécesseur Ancus Martius ; nous pouvons donc en conclure qu'il y eut aussi des interrègnes après la mort de Tarquin l'Ancien et de Servius Tullius, bien qu'ils n'aient pas été mentionnés par Tite-Live. Comme ils ont été tous deux assassinés, leurs longs règnes comprenaient des interruptions considérables dans la royauté.

Tite-Live semble indécis sur l'époque de quelques points de l'histoire et se plaint beaucoup de la confusion des annales après la prise de Rome par les Gaulois ; cependant, il n'exprime pas le moindre doute sur la durée pendant 244 ans, de la royale dynastie ; tous les détails de ces règnes qu'il scrute critiquement, correspondent avec les chiffres ci-dessus qui sont aussi confirmés par Denys d'Halicarnasse, Cicéron, Plutarque, Varron.

N° 3

LES ÈRES, DATES ET ÉPOQUES MISES EN REGARD

Calcul des années du monde, de l'ère vulgaire, de l'ère de Nabonassar, la fondation de Rome et les olympiades.

ANNÉES du MONDE	AVANT l'ère vulgaire	ÈRE de NABO-NASSAR	FONDA-TION de ROME	ÈRE des OLYM-PIADES	ANNÉES du MONDE	AVANT l'ère vulgaire	ÈRE de NABO-NASSAR	FONDA-TION de ROME	ÈRE des OLYM-PIADES
	4654	Création.			3889	765			
1656	2998	Déluge.			3890	764			4
2658	1996	Abraham.			3891	763			
2948	1706	Jacob à 130 ans			3892	762			
2163	1491	Exode.			3893	761			
3643	1011	Salomon.			3894	760			5
3878	776			1	3895	759			
3879	775				3896	758			
3880	774				3897	757			
3881	773				3898	756			6
3882	772			2	3899	755			
3883	771				3900	754			
3884	770				3901	753		1	
3885	769				3902	752		2	7
3886	768			3	3903	751		3	
3887	767				3904	750		4	
3888	766				3905	749		5	

SUITE DE LA CONCORDANCE DES ÈRES.

ANNÉES du MONDE	AVANT l'ère vulgaire	ÈRE de NABO-NASSAR	FONDA-TION de ROME	ÈRE des OLYM-PIADES	ANNÉES du MONDE	AVANT l'ère vulgaire	ÈRE de NABO-NASSAR	FONDA-TION de ROME	ÈRE des OLYM-PIADES
3906	748		6	8	3925	729	19	25	
3907	747	1	7		3926	728	20	26	13
3908	746	2	8		3927	727	21	27	
3909	745	3	9		3928	726	22	28	
3910	744	4	10	9	3929	725	23	29	
3911	743	5	11		3930	724	24	30	14
3912	742	6	12		3931	723	25	31	
3913	741	7	13		3932	722	26	32	
3914	740	8	14	10	3933	721	27	33	
3915	739	9	15		3934	720	28	34	15
3916	738	10	16		3935	719	29	35	
3917	737	11	17		3936	718	30	36	
3918	736	12	18	11	3937	717	31	37	
3919	735	13	19		3938	716	32	38	16
3920	734	14	20		3939	715	33	39	
3921	733	15	21		3940	714	34	40	
3922	732	16	22	12	3941	713	35	41	
3923	731	17	23		3942	712	36	42	17
3924	730	18	24		3943	711	37	43	

SUITE DE LA CONCORDANCE DES ÈRES.

ANNÉES du MONDE	AVANT l'ère vulgaire	ÈRE de NABO-NASSAR	FONDA-TION de ROME	ÈRE des OLYM-PIADES	ANNÉES du MONDE	AVANT l'ère vulgaire	ÈRE de NABO-NASSAR	FONDA-TION de ROME	ÈRE des OLYM-PIADES
3944	710	38	44		3963	691	57	63	
3945	709	39	45		3964	690	58	64	
3946	708	40	46	18	3965	689	59	65	
3947	707	41	47		3966	688	60	66	23
3948	706	42	48		3967	687	61	67	
3949	705	43	49		3968	686	62	68	
3950	704	44	50	19	3969	685	63	69	
3951	703	45	51		3970	684	64	70	24
3952	702	46	52		3971	683	65	71	
3953	701	47	53		3972	682	66	72	
3954	700	48	54	20	3973	681	67	73	
3955	699	49	55		3974	680	68	74	25
3956	698	50	56		3975	679	69	75	
3957	697	51	57		3976	678	70	76	
3958	696	52	58	21	3977	677	71	77	
3959	695	53	59		3978	676	72	78	26
3960	694	54	60		3979	675	73	79	
3961	693	55	61		3980	674	74	80	
3962	692	56	62	22	3981	673	75	81	

SUITE DE LA CONCORDANCE DES ÈRES.

ANNÉES du MONDE	AVANT l'ère vulgaire	ÈRE de NABO-NASSAR	FONDA-TION de ROME	ÈRE des OLYM-PIADES	ANNÉES du MONDE	AVANT l'ère vulgaire	ÈRE de NABO-NASSAR	FONDA-TION de ROME	ÈRE des OLYM-PIADES
3982	672	76	82	27	4001	653	95	101	
3983	671	77	83		4002	652	96	102	32
3984	670	78	84		4003	651	97	103	
3985	669	79	85		4004	650	98	104	
3986	668	80	86	28	4005	649	99	105	
3987	667	81	87		4006	648	100	106	33
3988	666	82	88		4007	647	101	107	
3989	665	83	89		4008	646	102	108	
3990	664	84	90	29	4009	645	103	109	
3991	663	85	91		4010	644	104	110	34
3992	662	86	92		4011	643	105	111	
3993	661	87	93		4012	642	106	112	
3994	660	88	94	30	4013	641	107	113	
3995	659	89	95		4014	640	108	114	35
3996	658	90	96		4015	639	109	115	
3997	657	91	97		4016	638	110	116	
3998	656	92	98	31	4017	637	111	117	
3999	655	93	99		4018	636	112	118	36
4000	654	94	100		4019	635	113	119	

SUITE DE LA CONCORDANCE DES ÈRES.

ANNÉES du MONDE	AVANT l'ère vulgaire	ÈRE de NABO-NASSAR	FONDA-TION de ROME	ÈRE des OLYM-PIADES	ANNÉES du MONDE	AVANT l'ère vulgaire	ÈRE de NABO-NASSAR	FONDA-TION de ROME	ÈRE des OLYM-PIADES
4020	634	114	120		4039	615	133	139	
4021	633	115	121		4040	614	134	140	
4022	632	116	122	37	4041	613	135	141	
4023	631	117	123		4042	612	136	142	42
4024	630	118	124		4043	611	137	143	
4025	629	119	125		4044	610	138	144	
4026	628	120	126	38	4045	609	139	145	
4027	627	121	127		4046	608	140	146	43
4028	626	122	128		4047	607	141	147	
4029	625	123	129		4048	606	142	148	
4030	624	124	130	39	4049	605	143	149	
4031	623	125	131		4050	604	144	150	44
4032	622	126	132		4051	603	145	151	
4033	621	127	133		4052	602	146	152	
4034	620	128	134	40	4053	601	147	153	
4035	619	129	135		4054	600	148	154	45
4036	618	130	136		4055	599	149	155	
4037	617	131	137		4056	598	150	156	
4038	616	132	138	41	4057	597	151	157	

SUITE DE LA CONCORDANCE DES ÈRES.

ANNÉES du MONDE	AVANT l'ère vulgaire	ÈRE de NABO-NASSAR	FONDA-TION de ROME	ÈRE des OLYM-PIADES	ANNÉES du MONDE	AVANT l'ère vulgaire	ÈRE de NABO-NASSAR	FONDA-TION de ROME	ÈRE des OLYM-PIADES
4058	596	152	158	46	4077	577	171	177	
4059	595	153	159		4078	576	172	178	51
4060	594	154	160		4079	575	173	179	
4061	593	155	161		4080	574	174	180	
4062	592	156	162	47	4081	573	175	181	
4063	591	157	163		4082	572	176	182	52
4064	590	158	164		4083	571	177	183	
4065	589	159	165		4084	570	178	184	
4066	588	160	166	48	4085	569	179	185	
4067	587	161	167		4086	568	180	186	53
4068	586	162	168		4087	567	181	187	
4069	585	163	169		4088	566	182	188	
4070	584	164	170	49	4089	565	183	189	
4071	583	165	171		4090	564	184	190	54
4072	582	166	172		4091	563	185	191	
4073	581	167	173		4092	562	186	192	
4074	580	168	174	50	4093	561	187	193	
4075	579	169	175		4094	560	188	194	55
4076	578	170	176		4095	559	189	195	

SUITE DE LA CONCORDANCE DES ÈRES.

ANNÉES du MONDE	AVANT l'ère vulgaire	ÈRE de NABO-NASSAR	FONDA-TION de ROME	ÈRE des OLYM-PIADES	ANNÉES du MONDE	AVANT l'ère vulgaire	ÈRE de NABO-NASSAR	FONDA-TION de ROME	ÈRE des OLYM-PIADES
4096	558	190	196		4115	539	209	215	
4097	557	191	197		4116	538	210	216	
4098	556	192	198	56	4117	537	211	217	
4099	555	193	199		4118	536	212	218	61
4100	554	194	200		4119	535	213	219	
4101	553	195	201		4120	534	214	220	
4102	552	196	202	57	4121	533	215	221	
4103	551	197	203		4122	532	216	222	62
4104	550	198	204		4123	531	217	223	
4105	549	199	205		4124	530	218	224	
4106	548	200	206	58	4125	529	219	225	
4107	547	201	207		4126	528	220	226	63
4108	546	202	208		4127	527	221	227	
4109	545	203	209		4128	526	222	228	
4110	544	204	210	59	4129	525	223	229	
4111	543	205	211		4130	524	224	230	64
4112	542	206	212		4131	523	225	231	
4113	541	207	213		4132	522	226	232	
4114	540	208	214	60	4133	521	227	233	

SUITE DE LA CONCORDANCE DES ÈRES.

ANNÉES du MONDE	AVANT l'ère vulgaire	ÈRE de NABO-NASSAR	FONDA-TION de ROME	ÈRE des OLYM-PIADES	ANNÉES du MONDE	AVANT l'ère vulgaire	ÈRE de NABO-NASSAR	FONDA-TION de ROME	ÈRE des OLYM-PIADES
4134	520	228	234	65	4153	501	247	253	
4135	519	229	235		4154	500	248	254	70
4136	518	230	236		4155	499	249	255	
4137	517	231	237		4156	498	250	256	
4138	516	232	238	66	4157	497	251	257	
4139	515	233	239		4158	496	252	258	71
4140	514	234	240		4159	495	253	259	
4141	513	235	241		4160	494	254	260	
4142	512	236	242	67	4161	493	255	261	
4143	511	237	243		4162	492	256	262	72
4144	510	238	244		4163	491	257	263	
4145	509	239	245		4164	490	258	264	
4146	508	240	246	68	4165	489	259	265	
4147	507	241	247		4166	488	260	266	73
4148	506	242	248		4167	487	261	267	
4149	505	243	249		4168	486	262	268	
4150	504	244	250	69	4169	485	263	269	
4151	503	245	251		4170	484	264	270	74
4152	502	246	252		4171	483	265	271	

SUITE DE LA CONCORDANCE DES ÈRES.

ANNÉES du MONDE	AVANT l'ère vulgaire	ÈRE de NABO-NASSAR	FONDA-TION DE ROME	ÈRE des OLYM-PIADES	ANNÉES du MONDE	AVANT l'ère vulgaire	ÈRE de NABO-NASSAR	FONDA-TION de ROME	ÈRE des OLYM-PIADES
4172	482	266	272		4191	463	285	291	
4173	481	267	273		4192	462	286	292	
4174	480	268	274	75	4193	461	287	293	
4175	479	269	275		4194	460	288	294	80
4176	478	270	276		4195	459	289	295	
4177	477	271	277		4196	458	290	296	
4178	476	272	278	76	4197	457	291	297	
4179	475	273	279		4198	456	292	298	81
4180	474	274	280		4199	455	293	299	
4181	473	275	281		4200	454	294	300	
4182	472	276	282	77	4201	453	295	301	
4183	471	277	283		4202	452	296	302	82
4184	470	278	284		4203	451	297	303	
4185	469	279	285		4204	450	298	304	
4186	468	280	286	78	4205	449	299	305	
4187	467	281	287		4206	448	300	306	83
4188	466	282	288		4207	447	301	307	
4189	465	283	289		4208	446	302	308	
4190	464	284	290	79	4209	445	303	309	

SUITE DE LA CONCORDANCE DES ÈRES.

ANNÉES du MONDE	AVANT l'ère vulgaire	ÈRE de NABO-NASSAR	FONDA-TION de ROME	ÈRE des OLYM-PIADES	ANNÉES du MONDE	AVANT l'ère vulgaire	ÈRE de NABO-NASSAR	FONDA-TION de ROME	ÈRE des OLYM-PIADES
4210	444	304	310	84	4229	425	323	329	
4211	443	305	311		4230	424	324	330	89
4212	442	306	312		4231	423	325	331	
4213	441	307	313		4232	422	326	332	
4214	440	308	314	85	4233	421	327	333	
4215	439	309	315		4234	420	328	334	90
4216	438	310	316		4235	419	329	335	
4217	437	311	317		4236	418	330	336	
4218	436	312	318	86	4237	417	331	337	
4219	435	313	319		4238	416	332	338	91
4220	434	314	320		4239	415	333	339	
4221	433	315	321		4240	414	334	340	
4222	432	316	322	87	4241	413	335	341	
4223	431	317	323		4242	412	336	342	92
4224	430	318	324		4243	411	337	343	
4225	429	319	325		4244	410	338	344	
4226	428	320	326	88	4245	409	339	345	
4227	427	321	327		4246	408	340	346	93
4228	426	322	328		4247	407	341	347	

SUITE DE LA CONCORDANCE DES ÈRES.

ANNÉES du MONDE	AVANT l'ère vulgaire	ÈRE de NABO-NASSAR	FONDA-TION de ROME	ÈRE des OLYM-PIADES	ANNÉES du MONDE	AVANT l'ère vulgaire	ÈRE de NABO-NASSAR	FONDA-TION de ROME	ÈRE des OLYM-PIADES
4248	406	342	348		4267	387	361	367	
4249	405	343	349		4268	386	362	368	
4250	404	344	350	94	4269	385	363	369	
4251	403	345	351		4270	384	364	370	99
4252	402	346	352		4271	383	365	371	
4253	401	347	353		4272	382	366	372	
4254	400	348	354	95	4273	381	367	373	
4255	399	349	355		4274	380	368	374	100
4256	398	350	356		4275	379	369	375	
4257	397	351	357		4276	378	370	376	
4258	396	352	358	96	4277	377	371	377	
4259	395	353	359		4278	376	372	378	101
4260	394	354	360		4279	375	373	379	
4261	393	355	361		4280	374	374	380	
4262	392	356	362	97	4281	373	375	381	
4263	391	357	363		4282	372	376	382	102
4264	390	358	364		4283	371	377	383	
4265	389	359	365		4284	370	378	384	
4266	388	360	366	98	4285	369	379	385	

SUITE DE LA CONCORDANCE DES ÈRES.

ANNÉES du MONDE	AVANT l'ère vulgaire	ÈRE de NABO-NASSAR	FONDA-TION DE ROME	ÈRE des OLYM-PIADES	ANNÉES du MONDE	AVANT l'ère vulgaire	ÈRE de NABO-NASSAR	FONDA-TION de ROME	ÈRE des OLYM-PIADES
4286	368	380	386	103	4305	349	399	405	
4287	367	381	387		4306	348	400	406	108
4288	366	382	388		4307	347	401	407	
4289	365	383	389		4308	346	402	408	
4290	364	384	390	104	4309	345	403	409	
4291	363	385	391		4310	344	404	410	109
4292	362	386	392		4311	343	405	411	
4293	361	387	393		4312	342	406	412	
4294	360	388	394	105	4313	341	407	413	
4295	359	389	395		4314	340	408	414	110
4296	358	390	396		4315	339	409	415	
4297	357	391	397		4316	338	410	416	
4298	356	392	398	106	4317	337	411	417	
4299	355	393	399		4318	336	412	418	111
4300	354	394	400		4319	335	413	419	
4301	353	395	401		4320	334	414	420	
4302	352	396	402	107	4321	333	415	421	
4303	351	397	403		4322	332	416	422	112
4304	350	398	404		4323	331	417	423	

SUITE DE LA CONCORDANCE DES ÈRES.

ANNÉES du MONDE	AVANT l'ère vulgaire	ÈRE de NABO-NASSAR	FONDA-TION de ROME	ÈRE des OLYM-PIADES	ANNÉES du MONDE	AVANT l'ère vulgaire	ÈRE de NABO-NASSAR	FONDA-TION de ROME	ÈRE des OLYM-PIADES
4324	330	418	424		4343	311	437	443	
4325	329	419	425		4344	310	438	444	
4326	328	420	426	113	4345	309	439	445	
4327	327	421	427		4346	308	440	446	118
4328	326	422	428		4347	307	441	447	
4329	325	423	429		4348	306	442	448	
4330	324	424	430	114	4349	305	443	449	
4331	323	425	431		4350	304	444	450	119
4332	322	426	432		4351	303	445	451	
4333	321	427	433		4352	302	446	452	
4334	320	428	434	115	4353	301	447	453	
4335	319	429	435		4354	300	448	454	120
4336	318	430	436		4355	299	449	455	
4337	317	431	437		4356	298	450	456	
4338	316	432	438	116	4357	297	451	457	
4339	315	433	439		4358	296	452	458	121
4340	314	434	440		4359	295	453	459	
4341	313	435	441		4360	294	454	460	
4342	312	436	442	117	4361	293	455	461	

SUITE DE LA CONCORDANCE DES ÈRES.

ANNÉES du MONDE	AVANT l'ère vulgaire	ÈRE de NABO-NASSAR	FONDA-TION de ROME	ÈRE des OLYM-PIADES	ANNÉES du MONDE	AVANT l'ère vulgaire	ÈRE de NABO-NASSAR	FONDA-TION de ROME	ÈRE des OLYM-PIADES
4362	292	456	462	122	4381	273	475	481	
4363	291	457	463		4382	272	476	482	127
4364	290	458	464		4383	271	477	483	
4365	289	459	465		4384	270	478	484	
4366	288	460	466	123	4385	269	479	485	
4367	287	461	467		4386	268	480	486	128
4368	286	462	468		4387	267	481	487	
4369	285	463	469		4388	266	482	488	
4370	284	464	470	124	4389	265	483	489	
4371	283	465	471		4390	264	484	490	129
4372	282	466	472		4391	263	485	491	
4373	281	467	473		4392	262	486	492	
4374	280	468	474	125	4393	261	487	493	
4375	279	469	475		4394	260	488	494	130
4376	278	470	476		4395	259	489	495	
4377	277	471	477		4396	258	490	496	
4378	276	472	478	126	4397	257	491	497	
4379	275	473	479		4398	256	492	498	131
4380	274	474	480		4399	255	493	499	

SUITE DE LA CONCORDANCE DES ÈRES.

ANNÉES du MONDE	AVANT l'ère vulgaire	ÈRE de NABO-NASSAR	FONDA-TION de ROME	ÈRE des OLYM-PIADES	ANNÉES du MONDE	AVANT l'ère vulgaire	ÈRE de NABO-NASSAR	FONDA-TION de ROME	ÈRE des OLYM-PIADES
4400	254	494	500		4419	235	513	519	
4401	253	495	501		4420	234	514	520	
4402	252	496	502	132	4421	233	515	521	
4403	251	497	503		4422	232	516	522	137
4404	250	498	504		4423	231	517	523	
4405	249	499	505		4424	230	518	524	
4406	248	500	506	133	4425	229	519	525	
4407	247	501	507		4426	228	520	526	138
4408	246	502	508		4427	227	521	527	
4409	245	503	509		4428	226	522	528	
4410	244	504	510	134	4429	225	523	529	
4411	243	505	511		4430	224	524	530	139
4412	242	506	512		4431	223	525	531	
4413	241	507	513		4432	222	526	532	
4414	240	508	514	135	4433	221	527	533	
4415	239	509	515		4434	220	528	534	140
4416	238	510	516		4435	219	529	535	
4417	237	511	517		4436	218	530	536	
4418	236	512	518	136	4437	217	531	537	

SUITE DE LA CONCORDANCE DES ÈRES.

ANNÉES du MONDE	AVANT l'ère vulgaire	ÈRE de NABO-NASSAR	FONDA-TION de ROME	ÈRE des OLYM-PIADES	ANNÉES du MONDE	AVANT l'ère vulgaire	ÈRE de NABO-NASSAR	FONDA-TION de ROME	ÈRE des OLYM-PIADES
4438	216	532	538	141	4457	197	551	557	
4439	215	533	539		4458	196	552	558	146
4440	214	534	540		4459	195	553	559	
4441	213	535	541		4460	194	554	560	
4442	212	536	542	142	4461	193	555	561	
4443	211	537	543		4462	192	556	562	147
4444	210	538	544		4463	191	557	563	
4445	209	539	545		4464	190	558	564	
4446	208	540	546	143	4465	189	559	565	
4447	207	541	547		4466	188	560	566	148
4448	206	542	548		4467	187	561	567	
4449	205	543	549		4468	186	562	568	
4450	204	544	550	144	4469	185	563	569	
4451	203	545	551		4470	184	564	570	149
4452	202	546	552		4471	183	565	571	
4453	201	547	553		4472	182	566	572	
4454	200	548	554	145	4473	181	567	573	
4455	199	549	555		4474	180	568	574	150
4456	198	550	556		4475	179	569	575	

SUITE DE LA CONCORDANCE DES ÈRES.

ANNÉES du MONDE	AVANT l'ère vulgaire	ÈRE de NABO-NASSAR	FONDA-TION DE ROME	ÈRE des OLYM-PIADES	ANNÉES du MONDE	AVANT l'ère vulgaire	ÈRE de NABO-NASSAR	FONDA-TION de ROME	ÈRE des OLYM-PIADES
4476	178	570	576		4495	159	589	595	
4477	177	571	577		4496	158	590	596	
4478	176	572	578	151	4497	157	591	597	
4479	175	573	579		4498	156	592	598	156
4480	174	574	580		4499	155	593	599	
4481	173	575	581		4500	154	594	600	
4482	172	576	582	152	4501	153	595	601	
4483	171	577	583		4502	152	596	602	157
4484	170	578	584		4503	151	597	603	
4485	169	579	585		4504	150	598	604	
4486	168	580	586	153	4505	149	599	605	
4487	167	581	587		4506	148	600	606	158
4488	166	582	588		4507	147	601	607	
4489	165	583	589		4508	146	602	608	
4490	164	584	590	154	4509	145	603	609	
4491	163	585	591		4510	144	604	610	159
4492	162	586	592		4511	143	605	611	
4493	161	587	593		4512	142	606	612	
4494	160	588	594	155	4513	141	607	613	

SUITE DE LA CONCORDANCE DES ÈRES.

ANNÉES du MONDE	AVANT l'ère vulgaire	ÈRE de NABO-NASSAR	FONDA-TION de ROME	ÈRE des OLYM-PIADES	ANNÉES du MONDE	AVANT l'ère vulgaire	ÈRE de NABO-NASSAR	FONDA-TION de ROME	ÈRE des OLYM-PIADES
4514	140	608	614	160	4533	121	627	633	
4515	139	609	615		4534	120	628	634	165
4516	138	610	616		4535	119	629	635	
4517	137	611	617		4536	118	630	636	
4518	136	612	618	161	4537	117	631	637	
4519	135	613	619		4538	116	632	638	166
4520	134	614	620		4539	115	633	639	
4521	133	615	621		4540	114	634	640	
4522	132	616	622	162	4541	113	635	641	
4523	131	617	623		4542	112	636	642	167
4524	130	618	624		4543	111	637	643	
4525	129	619	625		4544	110	638	644	
4526	128	620	626	163	4545	109	639	645	
4527	127	621	627		4546	108	640	646	168
4528	126	622	628		4547	107	641	647	
4529	125	623	629		4548	106	642	648	
4530	124	624	630	164	4549	105	643	649	
4531	123	625	631		4550	104	644	650	169
4532	122	626	632		4551	103	645	651	

SUITE DE LA CONCORDANCE DES ÈRES.

ANNÉES du MONDE	AVANT l'ère vulgaire	ÈRE de NABO-NASSAR	FONDA-TION de ROME	ÈRE des OLYM-PIADES	ANNÉES du MONDE	AVANT l'ère vulgaire	ÈRE de NABO-NASSAR	FONDA-TION de ROME	ÈRE des OLYM-PIADES
4552	102	646	652		4571	83	665	671	
4553	101	647	653		4572	82	666	672	
4554	100	648	654	170	4573	81	667	673	
4555	99	649	655		4574	80	668	674	175
4556	98	650	656		4575	79	669	675	
4557	97	651	657		4576	78	670	676	
4558	96	652	658	171	4577	77	671	677	
4559	95	653	659		4578	76	672	678	176
4560	94	654	660		4579	75	673	679	
4561	93	655	661		4580	74	674	680	
4562	92	656	662	172	4581	73	675	681	
4563	91	657	663		4582	72	676	682	177
4564	90	658	664		4583	71	677	683	
4565	89	659	665		4584	70	678	684	
4566	88	660	666	173	4585	69	679	685	
4567	87	661	667		4586	68	680	686	178
4568	86	662	668		4587	67	681	687	
4569	85	663	669		4588	66	682	688	
4570	84	664	670	174	4589	65	683	689	

SUITE DE LA CONCORDANCE DES ÈRES.

ANNÉES du MONDE	AVANT l'ère vulgaire	ÈRE de NABO-NASSAR	FONDA-TION DE ROME	ÈRE des OLYM-PIADES	ANNÉES du MONDE	AVANT l'ère vulgaire	ÈRE de NABO-NASSAR	FONDA-TION de ROME	ÈRE des OLYM-PIADES
4590	64	684	690	179	4609	45	703	709	
4591	63	685	691		4610	44	704	710	184
4592	62	686	692		4611	43	705	711	
4593	61	687	693		4612	42	706	712	
4594	60	688	694	180	4613	41	707	713	
4595	59	689	695		4614	40	708	714	185
4596	58	690	696		4615	39	709	715	
4597	57	691	697		4616	38	710	716	
4598	56	692	698	181	4617	37	711	717	
4599	55	693	699		4618	36	712	718	186
4600	54	964	700		4619	35	713	719	
4601	53	695	701		4620	34	714	720	
4602	52	696	702	182	4621	33	715	721	
4603	51	697	703		4622	32	716	722	187
4604	50	698	704		4623	31	717	723	
4605	49	699	705		4624	30	718	724	
4606	48	700	706	183	4625	29	719	725	
4607	47	701	707		4626	28	720	726	188
4608	46	702	708		4627	27	721	727	

SUITE DE LA CONCORDANCE DES ÈRES.

ANNÉES du MONDE	AVANT l'ère vulgaire	ÈRE de NABO-NASSAR	FONDA-TION de ROME	ÈRE des OLYM-PIADES	ANNÉES du MONDE	AVANT l'ère vulgaire	ÈRE de NABO-NASSAR	FONDA-TION de ROME	ÈRE des OLYM-PIADES
4628	26	722	728		4642	12	736	742	192
4629	25	723	729		4643	11	737	743	
4630	24	724	730	189	4644	10	738	744	
4631	23	725	731		4645	9	739	745	
4632	22	726	732		4646	8	740	746	193
4633	21	727	733		4647	7	741	747	
4634	20	728	734	190	4648	6	742	748	
4635	19	729	735		4649	5	743	749	
4636	18	730	736		4650	4	744	750	194
4637	17	731	737		4651	3	745	751	
4638	16	732	738	191	4652	2	746	752	
4639	15	733	739		4653	1	747	753	
4640	14	734	740		4654	0	748	754	195
4641	13	735	741						

N° 4

CALCUL SUR LES ANNÉES BISSEXTILES
AVANT ET APRÈS L'ÈRE VULGAIRE.

AVANT L'ÈRE VULGAIRE					APRÈS L'ÈRE VULGAIRE				
1	101	2601	53	1401	3901	4	100	2600	56	1400	3900
5	201	2701	57	1501	4001	8	200	2700	60	1500	4000
9	301	2801	61	1601	4101	12	300	2800	64	1600	4100
13	401	2901	65	1701	4201	16	400	2900	68	1700	4200
17	501	3001	69	1801	4301	20	500	3000	72	1800	4300
21	601	3101	73	1901	4401	24	600	3100	76	1900	4400
25	701	3201	77	2001	4501	28	700	3200	80	2000	4500
29	801	3301	81	2101	4601	32	800	3300	84	2100	4600
33	901	3401	85	2201	4701	36	900	3400	88	2200	4700
37	1001	3501	89	2301	4801	40	1000	3500	92	2300	4800
41	1101	3601	93	2401	4901	44	1100	3600	96	2400	4900
45	1201	3701	97	2501	5001	48	1200	3700	100	2500	5000
49	1301	3801				52	1300	3800			

EXPLICATION SUR L'USAGE DU TABLEAU.

Avec ce tableau on trouvera, sans aucun calcul, toutes les années bissextiles avant et après l'ère vulgaire.

Si on veut savoir si 1754 avant l'ère était bissextile, on additionne ensemble 1701 et 53 qui l'étaient, ce qui forma 1754 (année bissextile). Si on veut reconnaître si 1123 après l'ère était bissextile, on réunit ensemble 1100 et 20 qui sont bissextiles, ce qui forme 1120 : 1123 est donc la troisième année après la bissextile.

Si on veut s'assurer si 1872 après l'ère, est bissextile, on voit qu'elle l'est par l'addition de 1800 et de 72 qui sont bissextiles.

Enfin, si l'on veut savoir ce que sera 1906 après l'ère, on joindra les deux bissextiles 1900 et 4, et alors l'année 1906 sera deux ans avant la bissextile, qui n'arrivera qu'en 1908.

DIVERS DOCUMENTS

N° 1

L'ILE ATLANTIDE

De nombreux auteurs anciens, Diodore de Sicile, Sanchoniaton et autres, ont traité de la disparition d'une ile dans l'océan dit Atlantique ; des traditions, des légendes surtout, en font mention ; l'Egypte, l'Asie et la Grèce la reconnaissaient pour avoir existé dans les souvenirs de leur antiquité.

Platon, qui vivait 392 ans avant l'ère vulgaire a repris cette thèse et lui a donné un corps par sa poésie entraînante et son pouvoir littéraire ; si elle manque, par le fond, de la vérité historique, elle brille par l'imagination. Comme cette question est devenue importante, relativement à son application à l'origine des peuples, nous avons cru devoir lui donner quelque développement.

Cette ile, qui aurait existé dans toute sa splendeur il y a huit ou neuf mille ans, selon Platon, aurait été placée dans l'Océan, entre l'Europe et l'Amérique, en face des Colonnes d'Hercule, aujourd'hui détroit de Gibraltar ; sa fertilité extraordinaire, ses productions abondantes en richesses de toute nature, en auraient fait le pays le plus peuplé et le plus heureux. Les connaissances intellectuelles y étaient portées au plus haut degré et auraient été, de cette source primitive, répandues chez tous les autres peuples.

Ecoutons d'abord quelques détails de Platon sur ce sujet :

Platon introduit un prêtre égyptien qui déclare qu'il parle d'après des mémoires conservés à Saïs, et que les chiffres de huit et neuf mille ans sont présentés comme des faits constatés dans le pays et affirmés par les Egyptiens, qui tirent leur origine de cette île ; Platon, ou plutôt le prêtre égyptien qui lui parle, continue son récit : Nos annales rapportent comment Athènes, votre patrie, a résisté aux efforts de ce grand peuple qui avait envahi l'Europe et l'Asie ; sur les bords de la mer était une île, vis-à-vis ce que vous nommez les Colonnes d'Hercule, et qui avait plus d'étendue que la Lybie et l'Asie réunies. Dans cette île il y avait des rois très puissants et de grandes populations à esprit conquérant et déterminé, mais votre pays s'est montré supérieur à toutes les nations par la force et la vertu ; son génie et ses connaissances militaires lui firent surmonter ces dangers ; il triompha de ses ennemis et nous rendit à tous le bonheur et la liberté ; mais il arriva ensuite des tremblements du globe et des inondations où tous les guerriers ont été engloutis, et l'île a disparu entièrement dans la mer.

Platon suppute donc à 9000 ans l'époque de l'Atlantide, et il n'en serait pas resté le moindre vestige, longtemps avant son époque. Le rapprochement des Chronologies n'admet pas de pareils calculs, qui sont complétement inexacts : Solon (600 ans avant l'ère) avait, dans ses voyages, conversé souvent avec des anciens qui avaient été instruits par les mémoires et les colonnes sur lesquelles les faits historiques étaient gravés ; il croyait avec la plus grande foi aux Atlantes et à leur antiquité reculée ; il ajoutait que les Athéniens avaient victorieusement résisté à une puissante nation sortie de l'île, mais que ces grands faits de guerre ont été ensevelis par le temps et sont restés dans l'oubli.

Cependant ces assertions doivent disparaître par cette certitude historique indiscutable, qu'Athènes a été fondé par Cécrops, venu d'Egypte 1559 ans avant l'ère, et alors on ne peut accorder à l'Atlantide l'antiquité à laquelle on aspire pour elle : Avant la prise de Troie (1184), les Athéniens étaient encore assez barbares, et les siècles qui ont précédé ne présentaient guère que des faits grossiers et un brigandage qui n'était ni réprimé, ni poursuivi par des lois : Il est donc hors de toute vraisemblance et même contre toute possibilité, que dans ces temps reculés, les Athéniens aient été capables de ces glorieux exploits, qui, s'ils avaient existé, auraient laissé d'ailleurs un souvenir durable ; il faut donc croire que Platon, se conformant alors à quelque tradition répandue, aura admis ces témoignages flatteurs pour un peuple célèbre et n'aura pas cru devoir contester aux Athéniens des faits qui rehaussaient leur renommée et leur gloire.

Platon reprend ensuite le même sujet avec plus de détails ; il s'efforce de remonter assez haut pour préciser le temps où les dieux se sont partagé la terre, et alors il attribue le lot de l'Atlantide à Neptune ; les mines de métaux précieux y abondent, il les exploite, il développe le travail et rend cette île fertile et merveilleuse. Nous abrégeons la description des magnificences de ses rois, car les choses passées et déjà anciennes s'embellissent par le souvenir et s'agrandissent par la tradition, surtout quand il n'y a aucune limite à l'exagération de l'imagination. Cependant, d'après Platon, les palais et les temples étaient recouverts d'or, les voûtes étaient d'ivoire ciselé et le pavé d'argent ; enfin, des chevaux ailés portaient le trône du dieu Neptune. Il faut se demander maintenant si ces détails ne sont pas eux-mêmes la meilleure preuve que les récits présentés n'ont pas la moindre consistance, et que les narrateurs nous apportent pour leurs preuves, des détails qui les condamnent.

Nous ne mentionnerons pas les longues descriptions sur les lois, les institutions et l'application qui en était faite, mais nous devons remarquer que Platon, en traitant de la distribution des parties du territoire entre les chefs et les magistrats, constate qu'il y avait un tribunal semblable à celui des Amphyctions de la Grèce : Or, les Amphyctions ayant été créés en 1497 avant l'ère, on ne voit pas comment les Atlantides, qui auraient précédé de plusieurs milliers d'années les Athéniens, auraient pu prendre chez ceux-ci le modèle et l'exemple d'institutions qui n'ont été créées qu'à un intervalle considérable et où ils n'existaient pas encore. Telle est la peinture que nous fait d'abord Platon de cet heureux peuple. Après l'histoire et les voyages, le moraliste se montre au dénouement : Il dit que les admirateurs des choses périssables disparurent comme elles ; qu'un peuple jouissant d'abord de la félicité la plus parfaite s'abandonna aux excès, fut avide, injuste et crut devenir plus grand en devenant plus puissant ; que la soif du luxe et du pouvoir le porta à dépouiller les autres peuples : Ce serait alors que Jupiter, gardien des lois générales, résolut de les punir.

Ici finit le texte de Platon. N'est-il pas évident : 1° Que les exagérations sur la puissance des Athéniens alors et sur leurs exploits hypothétiques, ont eu pour motif et mobile leur orgueil, qui voudrait introduire dans l'origine de leur nation des idées fabuleuses d'antiquité et de gloire.

2° Remarquons aussi que ce cataclysme survenu à l'Atlantide fut un souvenir du Déluge altéré par le temps et les observations superficielles ; ce furent enfin des légendes des époques rapprochées de celles historiques et qui ont été remontées de plusieurs milliers d'années.

Nous pourrions terminer ici nos réflexions, mais quelques auteurs étant sortis du cadre tracé par Platon et s'étant répandus en supputations encore plus exagérées, afin de relever de l'oubli cette question cent fois déjà pulvérisée pour son invraisemblance, nous nous sommes cru obligé de poursuivre plus loin notre examen ; notre motif pour en agir ainsi, est que l'anéantissement de ces interprétations erronées prouvera de la manière la plus évidente que les faits présentés ne sont que l'infidèle reflet de la vérité des Livres Saints, qu'on dénature pour les ajuster à des systèmes sans valeur, et produits dans des conditions d'opposition ou d'intérêt.

Ces commentateurs, revenus sur ce sujet, ont prétendu que le récit de Platon a tous les caractères de la réalité et, pour appuyer leur opinion, ils citent Homère, qui a vécu 500 ans avant Platon, et qui parle des Atlantes dans l'Odyssée ; mais cela ne prouve nullement le fait, et on doit seulement en conclure qu'Homère a été chercher des arguments, des similitudes et des imitations plus haut que son époque ; il en avait toute la faculté dans l'espace des 9000 années citées par Platon, puisque Jupiter, homme déifié, n'a paru que vers 1850 avant l'ère : Il pouvait donc facilement introduire ces fictions dans cet intervalle de 7000 années.

Diodore de Sicile et Sanchoniaton disent avoir eu la certitude qu'on a conservé les généalogies et les actes de ces héros, et ils veulent tenter de réunir les documents d'un temps très éloigné, qui existeraient un peu épars et divisés, dans les divers auteurs ; qu'enfin, si nous avons le courage de rechercher et de joindre ces lambeaux séparés, les souvenirs du passé deviendront un corps véritable.

Ces auteurs Grecs qui affirment avec tant d'assurance qu'ils peuvent compléter toutes les preuves, mentionnent ensuite Uranus comme le premier roi de l'Atlantide et lui donnent des aptitudes profondes en astronomie ; mais c'est nous ramener à Uranie la Muse, au temps des dieux du paganisme, à Homère et à Troie ; il n'y a rien là de plus concluant que ce qu'on nous a déjà mis sous les yeux. En effet, Uranus pouvait avoir connaissance du système sidéral ; il se distinguait par de prétendues prédictions et on lui attribuait la connaissance de l'avenir, où siègent les craintes et les espérances des hommes et qui est toujours fermé pour eux. On le crut d'une nature supérieure, on lui décerna les honneurs divins et on donna son nom à la partie la plus élevée de l'univers ; c'est ainsi que l'homme fut déifié et que s'établit une des branches de l'idolâtrie.

Si on ne persistait pas à présenter les constellations comme les représentations réelles des hommes récompensés, nous pourrions admirer ces intelligences poétiques qui ont perpétué nos modèles au delà des tombeaux ; car tout en nous refusant à ces croyances et à ces illusions, nous comprenons que c'était une idée heureuse et consolante, lors des vides qui se font sans cesse autour de nous, d'écrire dans le ciel des témoignages sur nos ancêtres qui rappellent et perpétuent la vénération de leurs descendants.

Mais il ne faut pas chercher des allégements aux maux de la terre dans les hallucinations ; il faut faire reposer nos espérances sur notre foi et mettre notre confiance dans celui qui dispose de tout.

Il nous reste maintenant à dire quelques mots sur la situation géographique attribuée à l'Atlantide.

Platon disait aux Athéniens qu'il y avait eu autrefois la plus belle et la meilleure génération d'hommes qui eût jamais existé et qu'il n'en était échappé qu'une très faible partie, dont les Athéniens étaient les descendants. On rapportait l'origine de la nation à un peuple ancien, placé dans une partie du monde inconnue alors ; des auteurs se sont emparé de cet aveu pour attribuer aux Atlantes une autre île, qui serait située chez les Hyperboréens, les Pélasges, les Caucasiens, les Cimmériens, ou même sur la mer Glaciale, suivant Plutarque : cependant ces suppositions n'ont pas eu un meilleur sort, car à de tels intervalles d'époques, on ne peut guère faire de découvertes nouvelles de ce genre : ce sont donc de simples conjectures dont on n'apporte aucune probabilité : on a même été jusqu'à attribuer à l'île d'Ogygie, l'origine d'un peuple considérable dont on a cherché vainement le berceau ; la solution était complexe, car on y concentrait plusieurs faits importants : cette île, disait-on, fut celle de Calypso, où Ulysse séjourna pendant quinze années, et c'était également 600 ans environ avant ce temps qu'Ogygès, qui en était le roi (1796), aurait péri dans un Déluge qui porte son nom : De telles inventions ne méritent pas d'être réfutées, elles se condamnent par elles-mêmes, car elles sont sans explication vraisemblable, même mythologiquement.

N° 2

MARBRES DE PAROS

Les marbres de Paros ou d'Arundel formaient des chroniques historiques qui s'étendaient depuis la fondation d'Athènes par Cécrops, jusqu'à 264 ans avant l'ère, mais les dernières parties de la gravure sont effacées depuis l'époque n° 79, et c'est à l'an 354 qu'il faut s'arrêter maintenant.

Ces marbres furent trouvés en Grèce en 1627 de l'ère ; ils avaient été originairement placés dans l'île de Paros. Jusqu'au milieu du dix-huitième siècle, on a considéré l'ère de Cécrops indiquée sur ce monument, comme un point chronologique aussi sûr qu'important, mais l'authenticité de cette chronique a été depuis contestée par Jean Heulett, en 1789, et Robertson en 1788 : quelques autres écrivains, tels que Freret, Fred. Shœll et Guillaume ont signalé des erreurs nombreuses, et notamment de 10, 12, 25 années ; cependant il faut reconnaître que ces différences ne proviennent pas de fautes commises dans le travail manuel, mais d'inexactitudes dans l'époque de l'arrivée de Cécrops, ainsi que nous allons en justifier.

Il a été constaté par Selden (1628) et par les différents éditeurs de la Chronique (1676, 1732, 1763) qu'une divergence de vingt-cinq ans existe en effet ; qu'elle n'est point accidentelle, mais systématique ; elle s'étend presque uniformément à travers toutes les dates de la période héroïque, depuis Cécrops jusqu'au delà de la prise de Troie ; cependant, à partir de la deuxième période, celle historique, toutes les dates s'accordent ensemble, ce qui prouve qu'il y a eu deux méthodes différentes de composition dans ces Chroniques.

M. Hales a entrepris avec beaucoup d'intelligence et de sagacité d'expliquer cette différence systématique, et il a d'abord senti la nécessité de s'appuyer sur un relevé bien exact des règnes depuis Cécrops, qui pût établir un contrôle dans cette Chronique, où *les règnes seuls* servent de base ; cette liste a été composée sur les travaux d'Eusèbe, du père Petau, de Helveticus, Playfer et plusieurs autres auteurs.

ROIS D'ATHÈNES

N°·		Ans		N°·		Ans	
					Report...	322	
1	Cécrops Iᵉʳ, règne.	50	1558	10	Thésée, règne....	30	1236
2	Cranaus.........	9	1508	11	Menesthée.......	23	1206
3	Amphyction......	10	1499	12	Demophon	33	1183
4	Erichtonius......	50	1489	13	Oxintes.........	12	1150
5	Pandion	40	1439	14	Aphidas.........	1	1138
6	Erichteus........	50	1399	15	Thymetés	8	1137
7	Cécrops II.......	40	1349	16	Melantius	37	1129
8	Pandion II	25	1309	17	Codrus	21	1092
9	Egeus	48	1284		Interrègne.......	1	1071
		322					

ARCHONTES PERPÉTUELS

N°·		Ans		N°·		Ans	
1	Medon, règne....	20	1070	8	Pherècles, règne..	19	865
2	Acastus.........	36	1050	9	Ariphron........	20	846
3	Archippus.......	19	1014	10	Thespieus	27	826
4	Thercippus	41	995	11	Agamestor.......	20	799
5	Phorbas.........	31	954	12	Eschillus........	23	779
6	Megaclès	30	923	13	Alcmeon	2	756
7	Diognètes Iᵉʳ.....	28	893				

Les dates de la prise de Troie ayant une grande influence sur l'époque du règne de Cécrops, nous entrerons dans quelques détails à ce sujet.

Les principaux auteurs des histoires grecques, conviennent que Cécrops a paru en 1558, d'autres, et parmi eux Dicæarchus (310), fixent cette date à 1582, mais ce dernier a calculé son ensemble et ses points extrêmes, en ajoutant les générations à la suite les unes des autres, sans se raccorder sur aucun jalon certain intermédiaire, et ainsi la fixation facultative en plus ou en moins de ces générations qu'il donne en terme moyen, est la cause inévitable d'une erreur de vingt-cinq années.

Menesthée a certainement commencé en 1206, il a régné vingt-trois ans et c'est la vingt-deuxième année qu'eut lieu la prise de Troie, où il se trouvait: ainsi ce fait de guerre ne peut avoir eu lieu qu'en 1184 ; d'un autre côté, il est généralement admis qu'il y a 488 ans entre l'arrivée de Cécrops et la fin du règne de Codrus (en 1070) : Ces deux chiffres réunis forment les 1558 de Cécrops, et peu de documents appuient la mention des 1582.

Il est constant d'ailleurs qu'après son règne, Menesthée mourut dans l'île de Melos, où il s'était retiré au retour du siége de Troie, en 1183.

Toutes ces dates sont fixées en outre par les chronologues et historiens ci-après :

Castor de Rhodes (50 ans avant l'ère) établit que Cécrops commença à régner 780 ans avant la première olympiade (776), en 1557 ; le père Petau adopte cette même donnée.

Isagoras (454) exprime qu'il y a tout près de 1000 ans entre les premiers temps de Cécrops jusqu'au renversement du gouvernement d'Athènes par Pisistrate (561), ce qui donne une date moyenne de 1558 ans.

Mais il ne suffit pas, pour déterminer la solution de cette importante question, de présenter la liste des rois d'Athènes, il nous faut prouver par la Chronique elle-même, les erreurs que nous signalons et, en conséquence, nous donnerons dans le tableau ci-après, la colonne de ses propres chiffres avec ceux en regard, rectifiés sur les travaux de Ricciolo, Pausanias, Diodore de Sicile et de nombreux commentateurs.

EXAMEN DE LA CHRONOLOGIE DES MARBRES DE PAROS

RECTIFIÉE PAR LES CONTROLES DES HISTORIENS

Nos des ÉPOQUES	DÉSIGNATION DES ÉPOQUES	SYSTÈME des Marbres	CONTROLE HISTORIQUE	Nos des ÉPOQUES	DÉSIGNATION DES ÉPOQUES	SYSTÈME des Marbres	CONTROLE HISTORIQUE
1	Cécrops, règne...	1582	1558	9	Pentecontorus....	1511	1486
2	Deucalion.......	1574	1549	10	Erichtonius......	1506	1488
3	Hallirothius	1532	1507	11	Minos	1452	1406
4	Déluge Deucalion.	1529	1529	12	Triptolème	1409	1384
5	Amphyction......	1522	1497	13	Bled Semé.......	1406	1384
6	Hellen..........	1521	1496	14	Orphée	1399	1242
7	Cadmus.........	1519	1519	15	Eumolpe	13..	
8	Eurotas.........	1516	1494	16	Lustration.......	1326	1301

SUITE DE LA CHRONOLOGIE DES MARBRES DE PAROS

Nos des ÉPOQUES	DÉSIGNATION DES ÉPOQUES	SYSTÈME des Marbres	CONTROLE HISTORIQUE	Nos des ÉPOQUES	DÉSIGNATION DES ÉPOQUES	SYSTÈME des Marbres	CONTROLE HISTORIQUE
17	Gymnastique.....			34	Tyrthée........	682	682
18	Sacrifices humains.	1326		35	Terpandre.......	645	645
19	Eleusis	1307	1282	36	Alyatte	605	605
20	Disette........	1296	1271	37	Sapho..........	592	592
21	Thésée	1259	1234	38	Amphyctions.....	591	591
22	Ammon........	1256	1231	39	Jeux gymnastiques	586	586
23	Adraste........	1251	1226	40	Suzarion........	56.	56.
24	13ᵉ année de Menesthée.......	1218	1193	41	Pisistrate.......	564	564
				42	Crésus..........	556	556
25	Prise de Troie....	1209	1184	43	Cyrus suivant Pausanias	548	548
26	Oreste.........	1206	1181				
27	Teucer.........	1202	1177	44	Hypponax	537	537
28	Nelée..........	1077	1052	45	Darius..........	520	520
29	Hésiode........	944	919	46	Harmodius	512	512
30	Homère........	907	884	47	Hyppodichus.....	508	508
31	Pheidon	895	870	48	Temple de Minerve	495	495
	Deuxième période.			49	Marathon	491	491
32	Archias........	758	758	50	Simonide, poète...	490	485
33	Creon	684	684	51	Eschyle, poète....	486	486

SUITE DE LA CHRONOLOGIE DES MARBRES DE PAROS

Nos des époques	DÉSIGNATION DES ÉPOQUES	SYSTÈME des Marbres	CONTROLE HISTORIQUE	Nos des époques	DÉSIGNATION DES ÉPOQUES	SYSTÈME des Marbres	CONTROLE HISTORIQUE
52	Xercès.	481	485	66	Telestes.	402	402
53	Platée	480	480	67	Socrate	400	400
54	Gelon	479	479	68	Astydamas.	399	399
55	Simonide fils.	478	478	69	Xantus.		
56	Hieron.	472	472	70	Philoxène	380	380
57	Sophocle.	470	470	71	Anaxandrides	377	377
58	Egos Potamos. . . .	469	469	72	Prix à Athènes . . .		
59	Alexandre Amyntas	462	462	73	Bataille de Leuctres	371	371
60	Mort d'Eschyle, pte	457	457	74	Stesicore.	370	370
61	Euripide.	443	443	75	Denis de Sicile . . .	368	368
62	Archelaus	420	420	76	Phocéens.	358	358
63	Denys	408	408	77	Timothée.	357	357
64	Mort d'Euripide . .	407	407	78	Alexandre.	355	355
65	Mort de Sophocle.	406	406	79	Calippe	354	354

La cause de cette différence de vingt-cinq ans consiste donc dans l'erreur commise au point de départ sur la date de Cécrops, indiquée à tort pour 1582, tandis qu'elle est de 1558 ; mais il faut d'abord s'entendre sur le degré d'autorité que peut avoir ce monument ; son principe repose uniquement sur la durée des règnes ou des époques ajoutées les unes aux autres pour former chaque date ; ce serait alors un simple travail de calcul, sans recherche, et qui manque absolument de caractère et de contrôle ; c'est l'œuvre privée d'un individu, et son opinion personnelle n'a pas plus d'authenticité qu'un manuscrit de semblable date ; avec cette différence toutefois que ce marbre n'a pu être modifié ou dénaturé depuis 1627, moment de sa découverte, tandis que l'œuvre écrite a pu être interprétée et reproduite plusieurs fois d'une autre manière ; mais la Chronique, comme le livre, ont pu contenir des erreurs dès leur origine, et, au fond, ce fait a trop peu d'importance pour influer sur les opinions historiques, depuis 1627.

Pour faire un examen plus approfondi sur cette matière, nous ne devons pas passer sous silence les explications détaillées données dans l'histoire analytique de la Grèce par M. Petit Radel, qui a adopté un système présenté par M. Saint-Martin, et que nous allons reproduire :

Lorsque Scaliger publia son ouvrage, en 1598, il ne pouvait avoir connaissance des marbres de Paros, qui ont été trouvés trente-deux ans après ; le premier soin des savants qui suivirent cette découverte, fut d'en comparer les éléments avec les dates des systèmes qu'ils avaient adoptés et qui étaient différents les uns des autres ; et comme le monument ne pouvait s'accorder également avec toutes les conjectures formées par les écrivains, souvent sur des bases hypothétiques, la Chronique de Paros ne fut considérée que comme l'idée particulière d'un chronologiste inconnu.

M. Petit Radel, qui s'est borné à un traité strictement chronologique, a fixé, d'après M. Saint-Martin, 1199 pour la prise de Troie, qu'il avait élevée d'abord à 1209 avec quelques auteurs ; la réduction de 1209 à 1199 présente donc dix années qu'il fait supporter indistinctement à toutes les dates, et pour motiver cette mesure, il ajouta : « Que cette réduction cadre bien avec son inten« tion continuelle de laisser à la date approximative de chaque « fait une latitude égale de dix ans. »

On doit certes trouver étrange ce procédé de réduire à un même niveau les époques les plus assurées, et il doit en résulter de nombreux inconvénients que nous pourrions signaler ; mais comme nous maintenons les faits sur lesquels s'appuie la réduction de vingt-cinq années, il devient inutile de combattre un système qui est entièrement opposé au nôtre, quoiqu'il soit déjà un argument de plus pour démontrer (sauf la proportion) les erreurs signalées sur les marbres de Paros.

Cependant nous voulons présenter un aperçu du plan de M. Saint-Martin ; selon lui, la réduction de dix années, de 1209 à 1199, ne serait pas une mesure arbitraire ; il prétend qu'il n'y a là qu'une simple différence de calcul ; que les contradictions ne sont qu'apparentes et que sur la Chronologie grecque on n'a pas tenu compte de la véritable longueur des années civiles, qui étaient alors en usage ; il ajoute qu'on fera disparaître presque toutes les difficultés en rétablissant la vraie proportion de durée comparée aux appréciations plus modernes ; pour réaliser pratiquement ce calcul, il fait remarquer que la différence qui existe entre les années grecques et celles qui sont indiquées par le cours du soleil, est d'un trente-septième environ, et qu'en conséquence toutes les dates doivent différer entre elles dans cette quotité. Nous verrons plus loin que le calcul de ce trente-septième disparait après la première période, sans qu'on en donne le motif. Il n'est d'ailleurs pas exact, le trente-septième ne s'adaptant pas précisément aux dates.

Maintenant que les faits sont exposés, nous allons expliquer les causes probables de ces interprétations différentes.

La première partie de la Chronique des marbres, présente des dates de vingt-cinq années de trop, mais vers le milieu de ce travail, tout finit par s'accorder, et les époques indiquées après Homère et jusqu'à la fin, deviennent normales et sont fort exactes; il faut donc supposer que l'artiste ayant opéré en descendant, ne se sera aperçu que trop tard de la date fautive de Cécrops, et qu'il aura fait alors des modifications pour ramener la deuxième période à sa vérité chronologique : Ou bien, que deux artistes, adoptant un principe de dates différentes, auront travaillé en même temps, l'un en descendant, l'autre en remontant, et que, vers l'époque d'Homère, ils auront reconnu l'erreur du point de départ. En effet, il faut qu'il ait été fait des augmentations et des diminutions arbitraires sur les chiffres, pour qu'on soit arrivé à la même date vers le milieu de la Chronique, *en prenant deux bases différentes.*

Ces interprétations sont peu favorables au système de M. Saint-Martin, mais quant à nous, elles prouvent une fois de plus les dates que nous donnons à Cécrops et à la prise de Troie : Nous allons encore mieux affirmer par la Chronique elle-même, les erreurs considérables qu'elle renferme et les bizarres moyens employés pour masquer ses imperfections.

Il faut d'abord se reporter à notre tableau et comparer les deux dates en regard ; on reconnaîtra le point précis où l'on a cherché à réparer les fautes commises et à se remettre sur la bonne voie ; c'est entre l'époque 31 et 32 ; l'intervalle depuis Pheidon jusqu'à Archias est chronologiquement reconnu d'une durée de 112 ans, depuis 870 jusqu'à 758 ; mais la Chronique abandonnant à ce point-là l'exagération de ses vingt-cinq années, suppose, pour les besoins de son système, que cet intervalle est de 137, depuis 895 à 758 ; ainsi disparaissent pour l'avenir ces vingt-cinq ans si embarrassants, et alors la deuxième période tout entière est désormais conforme à la vérité de l'histoire, et les chiffres ne diffèrent plus de ceux posés depuis la trente-deuxième époque jusqu'à la fin.

On doit reconnaître dans cet expédient, ce que les auteurs latins appellent *industria* (quand ils critiquent un point qu'on a supposé pour concilier un système); aussi, nous ne croyons pas devoir poursuivre plus loin l'étude du sujet, et même nous devons ajouter que nous n'adoptons pas certaines rectifications portées dans la colonne des historiens anciens, dont les annotations ne nous paraissent pas régulièrement établies ; nous nous en tiendrons donc aux recherches par nous faites et consignées dans le canon chronologique qui se trouve à la fin de notre ouvrage ; nous constatons encore qu'il existe sur les marbres, d'autres erreurs en grand nombre, et pour en citer seulement deux, nous ferons remarquer :

1° Qu'on a porté (époque 14) Orphée comme ayant célébré en

vers, 1399, l'enlèvement de Proserpine, tandis que le poème a été composé par Musée, père d'Eumolpe, en 1373 : Orphée était contemporain de Thésée en 1240, et ce qu'il y a de plus extraordinaire dans l'inscription des marbres, c'est qu'on y a placé Thésée à sa date de 1234 et celle d'Orphée à 1399.

2° Que l'époque 50 a mis le commencement du règne de Xercès, fils de Darius Ier, à 490, tandis qu'il fallait inscrire 485.

De nombreux écrivains ont combattu comme inexacts les marbres de Paros, qui ne constituent pas moins un monument important pour l'histoire grecque, car ils offrent une fixation de dates dont les limites d'erreurs ne sont pas assez considérables pour influer sur l'ensemble d'une saine Chronologie historique.

N° 3

LES ARGONAUTES

Nul événement n'a été plus mémorable dans la Grèce que l'expédition des Argonautes ; elle a créé une époque remarquable qui est restée dans la mémoire des peuples et dans les traditions historiques. Il ne s'agissait cependant que de traverser le Pont-Euxin, aujourd'hui la mer Noire, et de suivre les côtes pour arriver à la Colchide par un trajet de 500 lieues ; mais relativement au temps et aux moyens de réalisation, ce fut une grande entreprise que nous allons donner en analyse, en rejetant tout le fabuleux dont on a couvert la vérité ; la navigation était un art nouveau que les Grecs tenaient des Phéniciens ; le navire Argo était d'une forme longue et avait cinquante rames : on a exagéré dans tous les récits, sa construction, l'importance des préparatifs et le nombre des navigateurs ; en cela, comme en beaucoup d'autres narrations, la Grèce voulut tout éclipser et ne laisser que les traces de son imagination ; ses arts et ses écrivains nous ont éblouis et nous avons été longtemps accoutumés à ne voir, pour ainsi dire, qu'elle dans l'antiquité, et à lui rapporter toutes les institutions.

La mer Noire était bordée de peuples sauvages qui mettaient à mort les voyageurs qui se présentaient ; on se demande alors quelle était l'utilité d'une pareille entreprise dont le succès devait être acheté au prix de fatigues inouïes et peut-être de la vie. Ce furent l'esprit aventureux de conquêtes, la curiosité et l'intérêt qui s'attachent à la découverte de pays nouveaux et le désir de recueillir l'or qui se trouvait abondamment dans les cours d'eau.

D'autres mobiles pourraient encore expliquer cette expédition : La Grèce employait beaucoup de laines ; les femmes de toutes les classes les travaillaient sans cesse, et les tissus les plus doux étaient les plus recherchés : comme la Colchide était célèbre pour la finesse et la beauté de cette matière, quelques écrivains ont pensé que l'objet de ce voyage fut une opération purement commerciale ; cette explication paraîtra peu probable, si l'on s'inspire du poème d'Orphée, qui a entouré d'un prestige si élevé le courage des navigateurs.

L'expédition, qui eut pour chef Jason, se composa (outre les hommes de service) de cinquante-quatre courageux voyageurs, au nombre desquels étaient Hercule, Orphée, Castor et Pollux, Admète, Zethes et Calaïs, Atholidès, Almenus, Ancée. Tiphis et Argus étaient les deux pilotes.

Strabon rapporte que les torrents, en descendant des montagnes, enlèvent par paillettes dans leurs ondes précipitées, l'or que ce sol renferme et qui est mis à découvert successivement par les ravinements : on plaçait dans ces cours d'eau des peaux de mouton couvertes de haute laine et on levait successivement ces toisons ainsi enrichies, dont l'appât a attiré l'expédition des Argonautes.

En langue syriaque le même mot signifie également ou toison ou trésor ; de là le prétendu enlèvement des richesses d'Aëtes, l'intervention de Médée, le dragon emprisonneur et toute cette fable qui, comme tant d'autres, n'est fondée que sur la simple signification d'un mot : la vanité grecque en aurait profité pour ajouter des merveilles à des faits simples et naturels ; mais si l'on ne peut parfaitement définir le motif de cette expédition, on peut au moins établir sa réalité sur le souvenir, les traditions, les légendes répandus dans les familles distinguées et connues, qui ont tiré une partie de leur gloire de ces voyages. A ces preuves, déjà suffisantes, on peut ajouter les témoignages d'Hérodote, d'Homère, de Diodore de Sicile et de beaucoup d'autres. Orphée, Appollonius de Rhodes, Valérius Flaccus, Varron, ont fait des poèmes ou une histoire de cet événement remarquable ; on n'occupe pas si longtemps des peuples avec de simples chimères, et la Grèce n'a pas dû prendre tant d'intérêt à des compositions de pure imagination ; rien ne peut durer sur la terre que par un intérêt réel appuyé sur la vérité ; cette histoire, exacte au fond, a passé à la postérité, parce que l'orgueil des Grecs aimait à s'en entretenir comme du premier de leurs titres à la gloire.

Orphée était le poète destiné à célébrer l'expédition ; il charma par sa lyre la longueur du voyage. On pense qu'alors l'astronomie commença à être utile à la navigation et que Chiron, qui ne fit point partie du voyage, dressa un calendrier pour l'usage des Argonautes ; mais cette astronomie, qui n'était que celle des Phéniciens et la connaissance des deux constellations de l'Ours, servait à ces peuples primitifs à diriger leurs courses sur la mer ; Strabon ajoute que jusqu'à cette époque, les Grecs n'avaient guère abandonné la côte ; qu'il fallait avoir le moyen de se reconnaître en pleine navigation et qu'alors Chiron enseigna ce qu'il avait appris des Phéniciens.

Lorsque tout fut prêt pour le départ, Chiron, tenant le jeune Achille dans ses bras (1216 avant l'ère), vint prendre congé de Jason, son élève, et lui donner ses derniers conseils ; le voyage fut long ; lorsqu'ils arrivèrent aux lieux où est aujourd'hui Constantinople, où l'Europe n'est plus séparée de l'Asie que par le Bosphore, le vaisseau ayant donné contre un rocher courut de grands risques; enfin, après des fatigues de toute espèce, ils traversèrent le Pont-Euxin et arrivèrent en Colchide, où tendaient leurs vœux et où leur cupidité devait être satisfaite. Nous nous jetterions dans de trop longues narrations si nous nous assujettissions à rapporter seulement le précis de ce qu'on a dit au sujet de ce voyage de Jason : Cette expédition fut composée d'une variété de circonstances extraordinaires qu'on ne peut rapprocher de la vérité qu'en les dépouillant de tous ces détails merveilleux qui frappent quelquefois l'imagination, sans jamais éclairer l'esprit.

L'auteur du poème des Argonautes n'a pas épargné la fiction sur le retour de ces guerriers célèbres : Selon Strabon et Diodore de Sicile, après leur séjour en Colchide, ils parcoururent la Médie et l'Arménie, passèrent le détroit et touchèrent à Bysance, à Troie, qui était sur leur passage, et arrivèrent en Thessalie ; mais il n'y a aucune trace d'histoire ou même de légende, que les Argonautes soient revenus par la mer du Nord, la Baltique, l'Océan et les Colonnes d'Hercule.

Un si long voyage, une multitude de périls partagés, une gloire commune avaient attaché mutuellement les Argonautes ; Hercule leur proposa de demeurer amis et de s'obliger par serment à se secourir les uns les autres dans leurs différentes fortunes ; il ajouta qu'il fallait fonder des jeux gymnastiques, choisir un lieu convenable pour les célébrer et inviter à ces spectacles la terre toute entière ; on réalisa ce projet dans le pays des Eléens, près du fleuve Alphée, et il fut consacré (sous le nom d'Olympie) au maître des dieux, suivant Strabon.

Ces jeux ont pris le nom de jeux olympiques, en commémoration de la célèbre société des Argonautes, et ce fut une fondation d'Hercule ; ces jeux devaient être renouvelés tous les quatre ans ; ils furent interrompus pendant quelque temps et n'ont été rétablis qu'en 776 avant l'ère, par une célébration suivie depuis Iphytus.

La gloire passagère de ces héros grecs n'est pas ce qui doit nous intéresser, non plus que les richesses qu'ils ont rapportées ; cet or, l'ambition de tous les hommes, s'écoule dans les mains du prodigue et souvent ne laisse après lui que le regret de l'avoir perdu et le remords de l'avoir acquis : les conquêtes de l'esprit sont les seuls trésors durables, et l'avenir comme le présent sont destinés à en jouir ; ici l'espèce s'enrichit en même temps que l'individu.

Les premières acquisitions faites dans ces voyages furent des connaissances géographiques sur les peuples ; les Grecs étendirent leur horizon intellectuel, et en voyant des climats différents et des mœurs nouvelles, ils entrevirent les variétés de la nature et de l'humanité : Orphée, en composant le récit des circonstances du voyage, n'a pu rendre compte que des traditions recueillies en s'appuyant sur les faits dont il était lui-même témoin ; on peut donc, dans son poème, distinguer la vérité, au travers des erreurs et des exagérations de ces époques reculées.

N° 4

ZOROASTRE

La plus grande obscurité environne Zoroastre : Il semblerait qu'il est apparu en Perse dans des temps très reculés, comme législateur, prophète, pontife et philosophe. Plus de cinquante auteurs ont publié les ouvrages les plus importants et les mieux étudiés sur les œuvres, les croyances et la religion de ce philosophe théologien; les suivre dans le détail des opinions de chacun, serait un travail inutile et long puisqu'il embrasse un espace de 1600 ans entre le premier chiffre assigné, 2164, et le deuxième, 534, pour l'époque où il expliquait ses doctrines.

Nous ne donnerons donc ici qu'un résumé de tous ces systèmes et nous conclurons, sur les matériaux épars, qu'il existe des opinions complétement erronées relativement au temps où Zoroastre a vécu.

Les anciens Perses avaient abandonné le culte qu'ils pratiquaient primitivement. Ils se livrent à l'astrologie, à l'idolâtrie : Une réforme est indispensable et imminente ; Zoroastre paraît avec des convictions profondes ; il éteint toutes les fausses croyances et proclame un Dieu unique, infini dans toute sa perfection ; alors les Perses n'adorent point le soleil, ils le révèrent comme la représentation du Créateur.

On attribue à tort à Zoroastre le Zend-Avesta (Livre de la Loi) ; il faut reporter cet ouvrage au temps d'Eusèbe (320 de l'ère). On trouve dans ce livre des fragments des psaumes de David ; on y traite de l'origine du monde d'après Moïse ; il y a les mêmes détails sur le Déluge ; on y mentionne Abraham, Joseph et Salomon ; c'est une production telle qu'il en parut une infinité dans ces siècles où toutes les sectes, qui étaient en grand nombre, cherchaient des titres à l'ancienneté, en puisant des faits mentionnés dans les Livres Saints.

On a prêté à Zoroastre un point de doctrine qui est inscrit dans le Zend-Avesta et qui ne nous paraît pas applicable à ses principes. Il aurait dit : « Si tes bonnes actions sont plus nombreuses que « tes fautes, le Ciel te sera réservé, et si ce sont, au contraire, les « erreurs qui l'emportent, la punition t'atteindra. »

Zoroastre avait l'esprit trop profond pour ne pas comprendre que ce n'est pas une pondération un peu plus en faveur du bien, mais des efforts constants pour fuir le mal, qui attireront la miséricorde de Dieu : Ce dangereux précepte du Zend-Avesta autoriserait, en effet, les consciences flottantes et incrédules, à croire qu'il suffira de se tenir un peu plus près de la limite du bien que de celle du mal, pour jouir un jour du bonheur éternel.

Zoroastre combat les cultes anciens ; il remonte, pour ses dogmes, à l'enfance de la nation et introduit les améliorations religieuses et civiles les plus profondes : Ce berceau du peuple tire son origine des premiers jours de la Chaldée, si l'on en croit les traditions et les légendes.

Zoroastre, pour favoriser son œuvre nouvelle, doit nécessairement, d'abord, ne pas froisser brusquement les anciennes pratiques ; il ne doit pas traiter avec mépris ces époques sacrées pour eux qui (repoussées par lui) attireraient des mécontents et des oppositions aux principes qu'il veut développer : Cette date originaire est de 2164 avant l'ère, est mentionnée dans ses écrits, et alors, dans la suite des siècles, abusant de sa tolérance chronologique, on a voulu attribuer à ses prédications l'époque reculée qui, pour lui, n'était que la légende du commencement d'un peuple.

Zoroastre n'a donc pas l'antiquité qu'on lui prête. Il naquit dans l'Aderbaidjan, vers la fin de l'empire des Mèdes, peu d'années avant Cyrus (564) ; il passe sa jeunesse dans la pratique de la sagesse et de toutes les vertus, et médite une réformation religieuse ; l'abaissement des Mèdes, vaincus par les hordes belliqueuses de Cyrus, inspire son imagination. Il prélude à l'exécution de son projet vers 534 : Il parcourt en prophète la Bactriane, la Médie et toutes les contrées de l'ouest du Sindh et à l'orient du Tigre : La vue des obstacles qu'il sera obligé de surmonter, l'indocilité des Perses, l'impénétrabilité des mages, dépositaires des systèmes religieux, lui causent les plus violents chagrins : Il sort de l'Iran les yeux noyés de larmes et le cœur plein d'amertume, et il se retire dans une solitude vers la mer Caspienne pour mûrir et augmenter ses connaissances par ses travaux et ses observations astronomiques ; il veut se préparer par ses études philosophiques, à la réalisation des merveilles qu'il développera plus tard.

Pendant de nombreux voyages, il fortifie ses vastes idées jusqu'au moment où l'empire, après Cyrus, soustrait à la furieuse démence de Cambyse, se fixe enfin dans les mains du fils d'Hystaspe (Darius).

Zoroastre parait en Bactriane en 520 ; il a quarante-quatre ans ; il est accueilli avec admiration par Darius, qui alors visitait ses Etats, et qui le garda près de lui.

Zoroastre répandit les plus précieuses notions de morale, et la reconnaissance de son roi l'en récompensa : Il vécut soixante et dix-sept ans, jusqu'en 487, deux ans avant la mort de Darius, tandis qu'on a voulu remonter son origine de plus de quinze siècles.

De nombreuses interpollations sont venues dénaturer les préceptes de ce grand réformateur ; des faussaires ont accrédité des doctrines erronées, ils ont égaré les croyances et modifié les principes : Des imitations torturées ont fait remonter l'apparition de Zoroastre à un temps en arrière qui atteint les extrêmes limites dont nous avons parlé et ont créé une incertitude profonde dans la fixation de la véritable époque où il est né et où il a prophétisé. Outre ce motif, il faut mentionner les voyages continuels qu'il fit chez divers peuples qui enregistrèrent différemment l'époque de ses enseignements, et confondirent le passé, assez confus, avec le présent qu'il voulait réglementer : Vint ensuite l'infidélité des narrateurs qui, multipliant les citations de temps, de faits et de dates imaginaires, ont fait adopter l'idée qu'il y avait eu trois législateurs du même nom, tandis que les philosophes les plus célèbres ne reconnaissaient qu'un seul Zoroastre : Ce qui a d'ailleurs contribué à cette erreur profonde et évidente, c'est la division des doctrines en trois âges religieux séparés et traités par Zoroastre, mais dont le troisième âge seulement lui appartient, c'est celui de 534 avant l'ère.

Le *premier âge* semble avoir existé sans prédication de doctrine, car il s'établissait et s'introduisait progressivement comme *loi naturelle*, prenant le soleil pour son Dieu, qui était alors Mythra déifié : Le *second âge*, celui de Dgemschid, abordait des points plus élevés en doctrine, il entrait dans les détails d'un culte régulier et dans les prescriptions de morale et de religion ; c'est alors *la loi parlée et révélée*.

Zoroastre paraît au troisième âge, en 534 ; il prescrit les plus ferventes pratiques : Il ordonne qu'on lève les yeux vers le ciel pour adresser des prières à un seul maître, qui punit et récompense ; *il écrit ses conseils* et ses prophéties ; il leur donne une forme et une base qui les fixent dans le cœur, dans le jugement et dans la mémoire.

Ainsi donc l'origine des trois dates et l'explication des trois prétendus Zoroastre (dont les deux premiers ne seraient que des souvenirs légendaires) représentent seulement *diverses époques* d'institutions religieuses.

Quelques auteurs persistent dans la fausse antiquité attribuée à Zoroastre et prétendent encore qu'en 2164, au moment où il voulait renverser les cultes établis alors, il fut l'objet de l'aversion du peuple, qui le tua dans une révolution ; mais il est certain qu'il mourut paisiblement après avoir vu prospérer sa morale ; on lui prêtait le titre de roi de Bactriane, ce qui prouve que cette opinion se rapporte par souvenir, aux premiers rois de la Perse qui touchent aux temps primitifs : En effet, Abraham (1921) attaque Chodorlahomor, roi d'Elam (berceau de la Perse), qui entraînait Loth, son neveu, qu'il avait fait prisonnier dans la Pentapole ; ce roi d'Elam ne pouvait mettre sur pied que quelques centaines d'hommes, puisque Abraham, d'après la Bible, instruit de ce désastre, assembla à la hâte 318 hommes de sa maison, et avec ses alliés, battit son ennemi et reprit Loth et tout son butin.

Comment alors Zoroastre aurait-il pu donner une direction et des principes religieux à des populations persanes considérables en 2164, qui n'existaient pas encore en 1921 ? Ces détails reculés en font presque une mythologie, et la vérité de la Bible vient encore cette fois écraser ces supputations légèrement conçues. Loeve-Veymars, dans son traité de Chronologie, fait mention de Zoroastre (qu'il nomme Zerdust III) comme ayant prêché la réforme de la religion des mages dans l'ancienne Médie. On remarque par la désignation de l'ordre numérique, que l'auteur croit à trois Zoroastre, et, en conséquence, il en fait remonter l'origine à des temps fabuleux ; mais cette exagération disparait devant la vérité. La Médie, sous les mages primitifs, n'avait pas d'importance : La Perse était peuplée du temps de Xercès ; mais ces nations simples ont été sapées dans les fondements par les guerres d'Alexandre, et de cette époque, 327, remontant jusqu'à Darius Hystaspe, on trouvera 564 pour la date du seul et véritable Zoroastre. Il y a là déjà une antiquité assez considérable sans en rechercher au delà pour expliquer les nouvelles bases religieuses que Zoroastre a pu établir en Médie en 520. Le chiffre du troisième Zoroastre de Loeve-Veymars n'est pas tout à fait exact, il le porte à 491, mais sa mort eut lieu en 486, et certainement Zoroastre propageait ses principes plus de trente ans avant la fin de sa vie.

Le travail de Loeve-Veymars confirme donc ce que nous avons écrit sur ce sujet, qui a été traité par Parisot d'une manière remarquable. Le philosophe réformateur convertit Darius Hystaspe à sa doctrine, dont les sectateurs existent encore en Perse ; comme Epictète, il admettait que rien ne se fait de rien ; de là la certitude d'un Dieu immortel et la croyance d'une vie future. Tant que les populations ont été régies par les institutions qui découlaient de Zoroastre, elles ont trouvé la tranquillité, la paix et le bonheur dans les soins de l'agriculture, mais depuis qu'elles sont sous le joug des Turcs, leur existence est un pesant esclavage moral et matériel. Au septième siècle, les Califes arabes, animés par le fanatisme, ont fait régner le pouvoir farouche de Mohamed à la place du Dieu pacifique et bienveillant de Zoroastre.

Dans ce même ordre de prétention à l'antiquité, nous mentionnerons Dgemschid, qui monta sur le trône de Perse en 800 avant l'ère, et que beaucoup d'auteurs anciens prétendent avoir vécu en 2155 ; il acheva la ville de Persépolis commencée par son oncle Tamouratz, et dont les ruines existent encore sous le nom des quarante colonnes ; il donne à ses sujets les premières notions d'astronomie. Dgemschid fut un prince bienfaisant et instruit, mais plus illustre que guerrier ; il fut détrôné par l'arabe Johak : la reine déroba aux poursuites de l'usurpateur, son fils Feridoun et l'éleva dans un asile éloigné, près du père, qui mourut en 780.

Feridoun monta sur le trône des Perses ; il avait pour principe que la vie humaine est un livre où il ne faut écrire que les bonnes actions ; Feridoun, qui n'avait pas les qualités rigoureuses d'un historien, mit son système en pratique, se découragea et abdiqua en faveur de son fils : il se confina dans une retraite où il ne trouva ni la tranquillité, ni le bonheur. Des troubles survinrent en Perse, son fils fut massacré et Feridoun reprit les rênes de l'Etat : mais les liens politiques une fois rompus ne se renouent plus ; un roi ne remonte plus sur le trône qu'avec des déceptions ; il a perdu l'énergie et le prestige ; il ne doit plus rencontrer que l'ingratitude.

Dans ces fables des premiers temps de la Perse, on remarquera combien la mémoire et l'imagination se sont associées dans un même but ; les traditions persanes, à diverses époques, se sont emparées du sujet si brillamment traité par les poètes de l'Orient ; ils en conservèrent l'esprit, mais ils altérèrent le fond.

N° 5

PHARAONS DE LA BIBLE

Flavien Joseph a dit à tort, sans doute, que depuis Ménès il y a eu 330 rois d'Egypte, et qu'au lieu de noms, on leur donne à tous la dénomination de Pharaon : il est inexact, en effet, d'avancer que ces rois n'ont pas eu d'autre désignation ; Hérodote affirme que dans ce nombre il y a eu dix-sept Ethiopiens, et que tous les autres ont été Egyptiens : aussi voyons-nous dans les fragments de Manéthon, que chaque roi avait sa désignation particulière, et nous ne trouvons que dans l'Ecriture la qualification de Pharaon.

On a interprété de diverses manières l'étymologie de ce mot ; on veut en faire une attribution ou une qualité ; selon les uns, il signifie un crocodile ; selon d'autres, ce serait dans le mot arabe Faroun qu'il faudrait chercher cette solution ; enfin, d'autres, avec Dom Calmet, expliquent que Pharaon vient de la racine Pharah, qui signifie *supérieur, libre, au-dessus des lois*.

La Bible, en effet, en parlant d'Egypte, cite les Pharaons sans les nommer, et quelques prophètes en ont agi de même.

Il nous a paru qu'une explication détaillée sur ce sujet serait utile, et qu'elle préciserait des points restés obscurs, tout en dispensant de recourir à notre travail général sur les dynasties égyptiennes.

— 514 —

Le premier Pharaon est celui qui régnait lorsque Abraham fut contraint par la famine de passer en Egypte, et qui enleva Sara ; il se nomme Apophis (1920) (Gen. XII. 17) ; c'est le cinquième des rois pasteurs qui envahirent l'Egypte et qui formèrent la dix-septième dynastie usurpatrice qui commença en 2119 : pendant ce temps, la dix-septième dynastie légitime gouvernait la Haute-Egypte.

Apophis a régné 61 ans, de 1920 à 1859 ; en ajoutant ce chiffre 1859 aux 61 du règne d'Apophis, on trouvera 1920 pour l'année de l'arrivée d'Abraham en Egypte (*Dominus flagellavit, etc.*, Gen. XII, 17).

Le deuxième Pharaon, Toutmès IV (Aménophis II des listes de Manéthon), était monté sur le trône en 1753, et il régna 31 ans : c'est sous lui, en 1728, que Putiphar acheta Joseph, qui expliqua les songes de ce Pharaon ; il cesse de régner en 1722 (Gen. XXXIX, 1. — XL, 2).

Le troisième Pharaon est Aménophis III, Horus de Manéthon, en 1722 ; il règne 36 ans : sous lui, Jacob arrive en Egypte, en 1706, et reçoit de Pharaon la terre de Gessen (Gen. XLVII, 6) : il meurt en 1686, 50 ans avant la mort de Joseph, qui eut lieu en 1636, à 110 ans : de la mort de Joseph à Ménephtès-Séti de l'Exode, il y a 145 ans. Jacob meurt en 1689, sous ce même Pharaon, après 17 ans de séjour en Egypte.

Le quatrième Pharaon est celui qui maltraita les Hébreux et qui n'avait pas connu Joseph (Exod. I, 8) ; il se nomme Armaïs Horemheb (1619) ; la persécution commence cette année 1619, après la mort de Lévi et dure 128 ans, jusqu'a l'Exode, qui eut lieu en 1491, sous Ménephtès : voici les Pharaons qui régnèrent lors de ces persécutions :

Armaïs Horemheb pour 1 an, finissant à 1618.

Rhamsès Ier pour 6 ans, finissant en 1612.

Sethos pour 51 ans, finissant en 1561.

Rhamsès II pour 66 ans, finissant en 1495.

Ménephtès-Séti pour 4 ans, finissant en 1491.

Moïse naquit sous Sethos en 1571 (Exod. II, 5) ; il fut reçu à la cour sous la protection de Thermutis, fille du Pharaon, pendant 40 ans ; il se rendit dans le Madian en 1531, épousa Séphora, fille de Jéthro, y resta 40 ans, et revint en 1491 pour effectuer l'Exode.

Le cinquième Pharaon est Ménephtès-Séti II : en 1491, Moïse et Aaron se présentent à lui pour lui demander de laisser partir les Hébreux : Pharaon refuse d'abord, mais les difficultés sont vaincues par Moïse et Aaron inspirés de Dieu, et le départ a lieu. C'est le Pharaon dont l'armée fut engloutie dans la mer Rouge (Exod. V, 1. — XIV, 28).

Le sixième Pharaon, Psousennès, donna l'hospitalité à Adad III, fils du roi d'Idumée, qui avait été chassé de ses Etats par David ; il lui fit épouser, en 1018, la sœur de la reine Taphnès ; il lui accorda des terres et nourrit Génubath, son fils, dans le palais (III Reg. XI, 18). Psousennès a régné 35 ans, de 1026 à 991.

Le septième Pharaon, qui donna sa fille en mariage à Salomon, est Psousennès, le même que le précédent (III Reg. III, 1) ; le mariage eut lieu en 1005 ; Salomon avait alors 28 ans.

Psousennès, après ses 35 ans de règne, laissa le trône à Sésac, en 991.

Le huitième Pharaon, Sésac, commença à régner en 991 ; 20 ans après, en 971, il s'empara de Jérusalem, pilla le Temple, la cinquième année de Roboam, et enleva les 500 boucliers d'or (III Reg. XI, 40).

Le neuvième Pharaon, Sua, dit le Magnifique, est le même que Sabacon, roi d'Ethiopie, qui brûla vif Bocchoris en 724 ; il régna 8 ans. Il vivait au temps d'Ezéchias, en 720 : Osée, roi d'Israël, implora son secours contre Salmanazar (IV Reg. XVII, 4) ; mais ce dernier détruisit son royaume en 718, et lui dit : « Est-ce que vous espérez du secours du roi d'Egypte que notre armée vient de défaire ? Ce n'est plus qu'un roseau brisé : voilà ce qu'est maintenant Pharaon, roi d'Egypte, pour tous ceux qui mettent en lui leur confiance ; il est plus capable de leur nuire que de leur servir » (IV Reg. XVIII, 21).

Le dixième Pharaon, Néchao, fit la guerre à Nabopolassar, roi d'Assyrie, en 609 ; il alla à la rencontre de ce roi jusqu'à l'Euphrate, défit Josias, roi d'Israël, qui lui présenta la bataille, et mit à sa place son fils Eliacim, en 609 ; Néchao régna de 609 à 593 (IV Reg. XXIII, 33, 34).

Le onzième Pharaon est Ephrée (Waphrès, Apriès, Hophra sont ses mêmes noms) ; Sédécias fit alliance avec lui, et lui demanda de venir le secourir contre Nabuchodonosor. Ce Pharaon régna de 587 à 568 ; il fut tué en 568 dans une révolte qui finit par la prise de possession de l'Egypte par Amasis. C'est le Pharaon contre lequel Ezéchiel prononça ses prophéties sur l'Egypte : « Voici ce que dit le Seigneur Dieu : Je viens à vous Pharaon, roi d'Egypte, grand dragon qui vous couchez au milieu de vos fleuves et qui dites : le fleuve est à moi, *c'est moi-même qui me suis créé* » (Ezéch. XXIX, 3). On voit qu'il est fait ici allusion au crocodile, étymologie assignée par quelques auteurs au mot Pharaon.

Nous appelons l'attention la plus sérieuse sur l'enchaînement des faits et des époques qui se concilient parfaitement et qui se sont présentés naturellement sous notre plume en suivant pas à pas la double ligne parallèle des Egyptiens et des Hébreux ; si nous avons fait remarquer, par exemple, que sous le Pharaon Sésac on voit gravés sur la pierre en Egypte les trophées de sa victoire, où parait Roboam enchaîné, avec l'inscription Juda roi, n'est-ce pas la consécration de ce trait d'histoire de la Bible : si l'on découvre récemment dans un cercueil, un papyrus (de 1495) mentionnant que les Hébreux sont maltraités et obligés de produire la brique dans une certaine quantité sans recevoir la paille qui leur a été donnée jusqu'alors, n'est-ce pas la reproduction à 3363 ans de distance, du cinquième chapitre de l'Exode, puisque ce cercueil est celui de Pian-ki, grand-prêtre sous les premières années de Ménephtès (1495).

Alors la date de la sortie des Hébreux de l'Egypte (1491) est certaine, et les égyptologues en conviennent aujourd'hui ; d'ailleurs, le Pharaon Ménephtès, fils de Rhamsès II, a poursuivi Moïse sur la mer Rouge, la quatrième année de son règne, qui commença, comme nous l'avons dit, en 1495.

Nous avons cité les nombreuses dates qui ont fait l'objet de nos travaux et recherches chez les auteurs les plus autorisés ; l'histoire d'Egypte abonde en preuves de ce genre, cependant elles n'ouvrent pas encore les yeux des écrivains et des savants qui ne veulent trouver dans les résultats des fouilles que la confirmation et la justification des listes de Manéthon, au lieu de les classer au nombre des monuments et arguments pour la Bible : mais le temps n'est pas éloigné où ces erreurs devront disparaître ; jamais l'Egyptologie ne créera de Chronologie.... *elle la subira !*

N° 6

ABRAHAM

Nous avons, dans notre ouvrage, mentionné en plusieurs circonstances, le patriarche Abraham ; nous venons ici donner des explications sur des points qui ont amené quelques controverses.

Le souvenir et les traditions d'Abraham se retrouvent chez tous les peuples ; les Juifs, les Mahométans, les Arabes sortent de cette souche et y ont été mêlés dans des rêveries et des fables dont le fond seul renferme quelques vérités.

Vers 1996, époque de sa naissance, les nations se formaient rapidement, la civilisation faisait des progrès ; mais l'idolâtrie se répandait partout et Dieu voulut éloigner de ce foyer Abraham et sa famille ; ce fut vers le temps de la vocation d'Ur en Chaldée (1921).

Suivant Epiphane, l'idolâtrie avait commencé au temps de Sarug, vers l'an 700 après le Déluge ; les idoles ne consistaient alors qu'en peintures plates, et ce fut Tharé qui commença à en faire en argile. Suidas pense que ce fut à cinquante ans qu'Abraham ouvrit les yeux sur ce coupable culte ; une vieille tradition lui donne aussi cet âge lorsqu'il changea ses convictions.

Abraham fut le Père des Croyants ; il descendait de Noé par Sem, à neuf degrés de génération. Nous avons établi par des arguments puissants qu'il naquit à 130 ans de l'âge de Tharé. Abraham, lors de la vocation, s'arrêta peu de temps à Charan ; son père y mourut à 205 ans, en 1921.

Mais les promesses de Dieu s'accomplissaient ; les patriarches, fils de Jacob, *devaient* paraître, ainsi que les nombreuses familles descendantes d'Ismaël. La naissance d'Isaac était donc indispensable pour former une souche légitime, et celle d'Ismaël, comme enfant adoptif.

Plusieurs traductions de la Bible ne sont pas d'accord au sujet de l'interprétation du nombre de personnes qui suivirent Abraham lors de son départ de Charan, à la suite de la vocation qui eut lieu en 1921 : Les uns portent *qu'il emmena les esclaves qu'il avait achetés ;*

D'autres, les personnes dont il avait augmenté sa famille ;

D'autres encore, les personnes qu'il avait eues à Charan.

On ne veut pas sans doute entendre par là une génération d'enfants (car Abraham ne resta pas une année à Charan), mais, sans doute, une propagation de foi, et les annales de Salianus le pensent ainsi.

Dans le court séjour de Charan, Abraham et Sara instruisirent de leurs croyances et de leur culte, les habitants qui se montrèrent disposés à les écouter, suivant ce que dit Onkelos, paraphraste Chaldéen, et Fagius ; aussi voit-on (Gen. XII, 5) : *Et animas quas fecerant in Charan ;* c'est-à-dire qu'il est à croire qu'Abraham fut accompagné à son départ pour le Chanaan, des nombreuses personnes, esclaves ou libres, qui avaient adopté leur foi, et dont ils **avaient** opéré la conversion.

A la mort de son père Tharé, Abraham reprend la route de Chanaan ; mais une famine (1920) le détermine à se rendre en Egypte; on s'est étonné qu'alors, après l'injure faite à sa femme Sara, il ait accepté des présents de Pharaon, après s'être montré si délicat et si scrupuleux dans une autre circonstance (Gen. XIV, **22**), où il répond au roi de Sodome : « Je lève la main au Seigneur Très-Haut, possesseur du ciel et de la terre, que je ne prendrai rien de tout ce qui est à toi, depuis un fil jusqu'à une courroie de soulier, afin que tu ne puisses dire : J'ai enrichi Abraham. »

Plusieurs auteurs donnent à ce sujet des explications que nous croyons devoir examiner et comparer.

Abr. Zachuth assure *in libro Juchasin*, qu'Agar était égyptienne (elle avait 16 ans) et qu'elle était esclave de Churia, femme du Pharaon, laquelle la donna à Sara en signe d'intérêt pour ce qui lui était arrivé.

Chrysostome, au contraire, veut que ce soit Pharaon qui ait fait directement ce présent.

Rab. Josua, Karcha Pirke, Heidegger affirment que Sara emmena d'Egypte avec elle l'esclave Agar.

Cornélius à Lapide et Dom Calmet ajoutent que les Ecritures portent (Gen. XII, 16) : qu'entre autres dons du roi d'Egypte, Abraham reçut des troupeaux, des serviteurs et des servantes.

Or, il est plutôt à croire qu'Abraham n'aurait pas accepté ces dons de la main de Pharaon qui l'avait offensé, et que ce furent les princes entourant Pharaon qui firent ces présents.

La Bible de Clément VIII (Gen. XII, 16) et ses commentateurs

Sa et *Mariana* portent en effet cette mention : « Les seigneurs, en
« considération de Sara, *agirent* très généreusement envers Abra-
« ham et lui donnèrent de nombreux bestiaux et esclaves. »

Il nous semble maintenant qu'il n'y a pas d'autre détail à donner
que de renvoyer au texte de la Bible qui parait fort clair : mais pour
mieux appuyer la succession des faits, nous donnerons les dates
de ces différentes circonstances :

Abraham naît...................................	1996
Il se rend en Egypte à cause de la famine..............	1920
Sara est enlevée et rendue.......................	1920
Sara reçoit en Egypte l'esclave Agar, qui a alors seize ans (étant née en 1936).................................	1920
Sara donne Agar à Abraham dix ans après la vocation....	1911
Ismaël vient au monde...........................	1910
Isaac naît quatorze ans après Ismaël.................	1896
Cinq ans après la naissance d'Isaac, Ismaël et Agar sont renvoyés (Ismaël a alors 19 ans et Isaac 5 ans)............	1891
Agar avait seize ans quand elle fut donnée à Sara ; elle est donc née en Egypte en..............................	1936
Comme Agar est née en 1936 et qu'elle quitta Sara en 1891, elle avait donc 45 ans quand elle fut chassée............	
On ignore l'âge et le lieu où mourut Agar, ce qui n'a aucun intérêt ou historique ou chronologique..................	
Ismaël mourut âgé de 137 ans, en	1763
Isaac meurt à 180 ans, en........................	1716

N° 7

JOSEPH EN EGYPTE, LE NIL ET LA FAMINE

Nous avons donné, page 44, dans le chapitre des difficultés chronologiques, quelques détails sur Joseph qui nous ont paru trop concis pour qu'on pût bien apprécier ce point important des Livres Saints.

Joseph reçut d'abord dans des rêves un commencement de direction et d'instruction avant de paraitre sur les rives du Nil pour y accomplir sa mission ; depuis lors ce ne furent plus des rêves mais des songes dans lesquels se manifestèrent évidemment des impressions supérieures à l'homme.

Joseph rend compte de ses inspirations à ses frères et s'attire leur envie et leur haine ; ils le saisissent à Dothaïn, près de Sichem (1728), et le vendent à des marchands de l'Arabie ; ils rapportent sa robe ensenglantée à Jacob, qui fut inconsolable jusqu'au moment (1706) où il apprit par ses enfants que Joseph était vivant et gouvernait l'Egypte (Menochius 37, 34).

Joseph devint l'esclave de Putiphar, qui savait que le Seigneur était avec lui (39-4), et dirigea sa maison pendant dix ans : accusé injustement il est mis en prison (1718) et l'année suivante il analyse les songes des deux officiers de Pharaon, après leur avoir dit (40-8) : C'est à Dieu seul qu'il appartient d'interpréter les songes.

Deux ans après (1715), il explique les songes de Pharaon et prédit, sous l'inspiration divine, qu'il y aura sept années d'abondance et sept années de famine.

Pharaon (Amenophis IIIe), (18e dynastie d'Egypte), nomme la même année gouverneur, Joseph, qui parcourt l'Egypte (41-45) pour mettre à exécution les mesures relatives à l'approvisionnement des grains dans toutes les villes.

En 1714, Pharaon fit épouser à Joseph la fille d'un prêtre d'Héliopolis : Quelques écrivains ont fait des réflexions sur cette union avec une idolâtre, mais Estius, le commentateur de la Bible de Clément VIII (sur le chap. 41, verset 45), explique que ce mariage eut pour but d'inspirer à Aseneth et à sa famille, les sentiments de la véritable religion.

Joseph eut deux enfants (1714, 1713), l'un Manassée (41-21), qui signifie oubli, et Ephraïm (41-52), qui rappelle ses afflictions et sa pauvreté.

En 1708, les années de fertilité sont écoulées et la famine commence. A la deuxième année (1707) (G. XLII, 1), Jacob envoie ses fils chercher des grains en Egypte, et l'année ensuite il se rend auprès de Joseph et il est établi avec toute sa famille, par l'ordre de Pharaon dans la terre de Gessen, près Memphis.

Des écrivains ont prétendu qu'à cette époque Joseph fit exécuter de grands travaux et préparer les années d'abondance dans les voyages qu'il entreprit en Egypte par ordre de Pharaon, tandis qu'il ne fit que réglementer par des ordres précis l'exécution des approvisionnements de blés qu'il avait recommandé de faire :

Joseph fit en effet de grands ouvrages qui ont laissé la trace de son nom sur la terre d'Egypte, mais ce ne fut qu'ultérieurement : La mission de Joseph ne fut donc pas spécialement de régénérer l'agriculture et de régulariser l'emploi des populations, mais de préparer le développement de la grande nation d'Israël ; aussi la Bible dit-elle (XIV, 5, 7) : Joseph annonce à ses frères que Dieu l'a envoyé en avant pour leur salut et pour qu'ils puissent avoir des vivres pour subsister. Plus loin (50-20), la Bible ajoute : Dieu éleva Joseph aux dignités, pour sauver plusieurs peuples.

Le Nil

On croit que sous Ménès, le Nil, qui suivait la côte Lybique, fut rejeté vers les montagnes Arabes ; que l'ancienne branche fut comblée de terre, et que c'est ainsi que Memphis obtint une grande extension de sol.

Linant de Bellefonds, plus connu sous le nom de Linant Bey, ordonna et dirigea, pour le pacha d'Egypte, de grands travaux hydrauliques, depuis 1830, et déploya la plus haute intelligence et capacité ; il reconnut, à deux milles au sud de Memphis, la place où le Nil fut détourné vers l'Est.

Linant Bey qui a parcouru l'Egypte en tous sens et la connaît parfaitement, nous apprend que la grande digue de Cocheiche sert à retenir toutes les eaux d'écoulement du bassin d'inondation de la Haute-Egypte ; on les dirige dans la Basse-Egypte ou dans le Nil, selon le besoin, au moyen de grands déversoirs pratiqués dans la digue, ce qui occasionne un complément d'inondation dans les bassins inférieurs et un surcroit de hauteur dans le niveau du fleuve qui est ensuite distribué et modifié suivant les nécessités de l'agriculture.

Le Nil eut de tout temps des inondations périodiques quant aux époques, mais irrégulières en ce qui concerne la quotité de l'afflux des eaux ; cette variation provient du plus ou moins de pluie tombée dans le haut du cours du fleuve et des différences du niveau de son lit ; le Nil ne déversait sur la vallée qu'après avoir rempli les lieux bas qui la précèdent : cet état des choses et des lieux est constaté par les auteurs latins et entre autres par Strabon et surtout Pline qui s'exprime ainsi (Hist. Nat., liv. 5) :

« L'Egypte souffre de la famine quand le Nil n'élève ses eaux
« qu'à douze coudées ; la disette y règne s'il n'y en a que treize ; à
« quatorze coudées, l'année est moyennement bonne ; à quinze elle
« suffit, et à seize coudées elle ajoute au nécessaire un superflu
« considérable. »

L'interprétation (G. 41, 26, 27), par le père Carrières, porte textuellement que les sept années d'abondance ont été le produit des heureuses inondations du Nil, et que les sept années de stérilité ont eu pour cause que le Nil ne déborda presque pas ; d'autres interprétations aussi autorisées, telles que celles de Dom Calmet, la Bible de Vence, etc., etc., sont absolument identiques et littéralement conformes au père Carrières.

Tirinus, Bible de Clément VIII (41-16), fait la même remarque que Pline relativement à la hauteur inégale des eaux du Nil, et ajoute que tout ce qui arriva en dehors des règles naturelles dans le cours du fleuve, fut causé par la seule puissance et la providence de Dieu.

Il est donc évident que tel était alors le régime ordinaire des effets de l'inondation ; l'histoire s'accorde ici parfaitement avec la Bible : Des années d'abondance et de famine ont eu lieu à diverses époques et notamment en 1921, lorsque Abraham fut forcé de se rendre en Egypte avec Sara, sous le règne du roi pasteur Apophis (17e dynastie) : Isaac souffrit aussi d'une famine à Gerare (1804) : Une autre famine de sept années est mentionnée dans une prophétie d'Elysée (4 Rois, 8); elle se déclara en 887 et finit en 880.

Mais Joseph avait prédit au Pharaon sept années consécutives d'abondance et un pareil nombre d'années de famine ; ce n'est pas là un fait qui s'explique naturellement, ce n'est plus une cause secondaire et ordinaire, puisque (Gen. XLV, 6) Joseph annonce que dans les cinq années de famine qui restent à s'écouler, on ne pourra ni *labourer* utilement, ni *récolter* des produits.

On doit donc évidemment voir ici un acte spécial de la volonté divine, et la réalisation des vues de Dieu sur le peuple d'Israël.

L'histoire de Chine nous offre encore la mention d'une famine de sept années qui aurait eu lieu en 1766 ; elle semble un souvenir et une imitation de celle d'Egypte, et, pour ce motif, nous croyons devoir entrer dans quelques détails sur ce sujet.

Famine en Chine

On a demandé si la famine indiquée comme ayant eu lieu en Chine, en 1766 avant l'ère, est celle qui a désolé pendant le même espace de sept années, le Chanaan et l'Egypte.

Comme la date de l'arrivée de Jacob en Egypte est solidement fixée à 1706 par le règne des Pharaons et les inscriptions sur les monuments, il ne peut y avoir de synoptisme précis, à moins d'erreurs commises sur les époques chinoises, et alors il faut examiner à fond les éléments sur lesquels repose la Chronologie de cet empire.

Il n'y a de travaux sur cette matière que ceux : 1° des pères Gaubil et Pauthier ; 2° des Bénédictins de Saint-Maur ; 3° du Livre des dynasties, et 4° du livre Tsou-Chou.

Nous allons donner des extraits de l'opinion de ces autorités, mais auparavant nous ferons quelques réflexions en dehors des documents, que nous examinerons ensuite.

Toutes les notions chinoises portent la mention d'une famine qui aurait eu lieu vers 1766, et le père Gaubil pose la question de savoir si cet événement important se rapporte à la famine qui eut lieu en 1708, deux ans avant l'arrivée de Jacob en Egypte (1706), et si elle fut universelle : Les récits hébreux (témoin le Livre des Juges) indiquent souvent *toute la terre* pour exprimer seulement le Chanaan ou tel autre lieu habité par le peuple de Dieu *(terra quievit sub tributo)*.

Mais il se peut cependant que le manque de récoltes ait pu se faire sentir dans une grande partie de l'Orient, bien que les historiens et commentateurs aient pensé et écrit que, par la volonté de Dieu, l'eau du Nil n'atteignit jamais pendant les sept ans la hauteur indispensable pour produire des moissons. — Pline, Carrières, Vence, Dom Calmet, etc.

Or, si la famine provenait du fleuve, on ne voit pas l'analogie qu'il y a entre ce qui est arrivé en Chine et en Egypte, à soixante ans d'intervalle de temps.

Toutefois, on ne peut méconnaître ici l'intervention divine pour cette famine, laquelle a eu lieu en dehors de tout effet naturel et par la volonté expresse de Dieu, ainsi que nous l'avons exposé à l'article de Joseph.

1° Les Pères Gaubil et Pauthier

Tching-Tang est le premier empereur de la dynastie des Chang ; c'est un usurpateur qui défit l'armée de Kie, dernier empereur de la dynastie Hia, et prit son trône (1766) ; l'histoire et le livre Chou-King font de grands éloges de la piété et des vertus de ce souverain ; il y eut une famine à son avénement ; elle dura sept ans : Après avoir assemblé le tribunal d'histoire et d'astronomie, il prit son avis et fit des prières ; il se fit couper les cheveux, se couvrit de haillons et fit une confession publique de ses fautes : Le Ciel exauça ses vœux et fit tomber des pluies très abondantes.

L'événement est porté à 1766 par Gaubil, et 1783 par Pauthier, qui a moins de solidité chronologique.

2° Bénédictins de Saint-Maur

Ces pères établissent pour Tching-Tang qu'il régna treize ans, à partir de 1766.

3° Livre des Dynasties

Les livres des dynasties (Annales officielles) portent également treize ans pour le règne de Tching-Tang, qui aurait commencé en 1765.

4° Le Livre Tsou-Chou

Tsou signifie bambou, et Chou, livre. Ces annales ont été trouvées, en 284 de l'ère, dans un tombeau des princes de Ouey ; elles établissent le règne de Tching-Tang, non pas à 1766, mais à 1558 avant l'ère, et constatent que dans les sept premières années de cet empereur il y eut une grande famine et qu'on fit de grandes prières pour obtenir de la pluie.

Ces annales ne jouissent pas d'un grand crédit, on leur préfère les travaux des Pères.

On voit par ces documents qu'une famine eut effectivement lieu vers l'époque indiquée ; il en est fait mention également chez quelques anciens peuples, de même qu'on retrouve partout à l'origine des nations les traces ou des traditions du Déluge de 1656 ou des imitations de la Bible sur ce sujet : Il n'y a donc pas là à tirer un argument chronologique précis ; ce sont des souvenirs lointains sur un fait vrai dont les détails ne peuvent être présentés avec quelque certitude historique.

La différence de 1766 à 1706 ne saurait être expliquée en ajoutant un appoint quelconque aux dates certaines posées dans notre travail et qui reposent sur des documents à l'abri de toute contradiction ; si la tradition de cette famine est une légende de celle de Moïse, il faut qu'il y ait dans les annales chinoises quelques différences dans la manière de compter ou d'établir les années, qui ramèneraient la parité des deux nombres ; mais cette minutie de chiffres ne nous parait pas devoir nous préoccuper plus longtemps, elle n'a ni intérêt ni influence dans notre travail, car nous faisons de la Chronologie *sans atteindre* tous les détails secondaires qui ne servent pas de types ou de jalons.

N° 8

TEMPS DE L'EXODE

Avant d'aborder la question du départ des Hébreux de la terre de Gessen, il nous a semblé utile d'expliquer quelques faits antérieurs à l'Exode, et d'établir la situation chronologique qui jettera quelque lumière sur cette question.

La Bible porte qu'après la mort de Joseph, arrivée en 1636, et après celle de Lévi, qui eut lieu en 1619, un Pharaon qui n'avait pas connu Joseph opprima les Hébreux.

1636 tombe sous le règne d'Achencherès (Tutaan-Chamun) qui mourut en 1630, et Lévi s'éteignit en 1619, sous la dernière année du règne de Armaïs-Horemheb, 18ᵉ dynastie. Depuis cette année, 1619, jusqu'à 1491, temps de l'Exode, il y a 128 ans, durée de la persécution des Hébreux qui furent accablés des plus pénibles travaux, sans aucune rétribution, et en butte aux plus mauvais traitements. Ces 128 ans s'écoulèrent sous les règnes de : Armaïs pour 1 an ; Ramsès Iᵉʳ pour 6 ans ; Sethos pour 51 ans ; Ramsès II pour 66 ans, et Menephtès pour 4 ans.

Plusieurs commentateurs ayant été d'avis que les richesses et les valeurs que reçurent les Hébreux lors de leur départ, représentaient le prix de leurs travaux pendant un long laps de temps, nous avons dû d'abord établir d'une manière précise, la base sur laquelle est assise cette rémunération tardive, ou au moins cette considération, qu'ils avaient droit de faire une réclamation.

Les Egyptiens et les Phéniciens sont les premiers peuples qui aient exploité les mines ; ce fut la source d'une très grande partie de leurs richesses : L'or abondait dans la Perse, qui le tirait de l'Inde et des provinces de l'Asie Mineure. Plus tard, sous Salomon, on exploita les riches mines d'Ophir. Hérodote dit que les Macédoniens et les Thraces le recevaient des montagnes de la Pannonie, de Preconèse et d'Illyrie.

Les marchands obtenaient d'Ethiopie beaucoup de poudre d'or recueillie dans les cours d'eau, et les caravanes Nubiennes apportaient de grandes quantités de ce précieux métal.

Aussi, beaucoup d'ornements, de bijoux et même de vases de service, étaient en or sur la terre d'Egypte, surtout à la fin du règne de Sésostris (Ramsès II), qui, après des guerres nombreuses et de lointaines conquêtes, rapporta dans le cours de ses 61 années de règne, d'immenses dépouilles et les trésors les plus précieux ; chaque famille possédait de ces richesses, à cette époque qui était voisine de l'Exode (1491).

L'incrédulité de Menephtès, fils de Ramsès, avait attiré de terribles malheurs sur l'Egypte : La mort des enfants nouveaux nés avait consterné les Egyptiens et on était convaincu que tous ces maux étaient dus à la présence des Hébreux : D'un autre côté, ces Hébreux *n'ayant reçu aucune rétribution*, n'avaient point de ressources pour accomplir le voyage du Chanaan ; mais la Providence vint à leur aide. Dieu inspira aux Egyptiens la pensée de leur abandonner comme secours, une partie des objets d'or et d'argent qu'ils possédaient, espérant par là déterminer leur éloignement immédiat, et Moïse donna pour instruction à ses peuples, d'aller partout autour d'eux solliciter des subsides et, de tous côtés, ils reçurent des dons, pour un motif bien autrement impérieux encore que ceux que nous venons d'énumérer. Les fléaux qui avaient accablé l'Egypte avant que Pharaon consentit au départ avaient jeté la terreur la plus profonde dans l'esprit des populations ; on redoutait la vengeance du *Dieu des Hébreux*, et après avoir reconnu sa puissance formidable, le repentir et la crainte inspiraient à tous, le désir de fléchir par des sacrifices, ce Dieu qu'on avait tant offensé en maltraitant pendant si longtemps le peuple de Moïse.

C'est là la véritable situation des Hébreux, et si quelques commentateurs ont, dans un esprit de critique, stigmatisé ces dons volontaires du nom d'emprunt, c'est une expression produite par une fausse interprétation du texte hébreu, ou par un jugement inexact sur l'importance de la situation critique des Egyptiens. Dans tous les cas et quelle que soit l'impression des deux peuples relativement au fait en lui-même, ne peut-on pas admettre que les Egyptiens désiraient vivement le départ des Hébreux, et que Dieu pouvait bien favoriser ce résultat sans que nous ayons aujourd'hui à juger les motifs qui déterminèrent ses volontés.

En même temps qu'on faisait aux Hébreux le reproche d'avoir commis un acte de mauvaise foi en emportant les métaux précieux, on taxait d'exagération les travaux de construction du Tabernacle dans le désert ; cependant de nombreux ouvriers conduits par les habiles chefs Beseleel et Oholiab se mettaient à l'œuvre, et dès la seconde année le Tabernacle était établi et consacré.

Population des Hébreux lors de l'Exode

Des contradicteurs ont fait de longs calculs pour prouver qu'il est imposssible que, lors de la sortie d'Egypte, il se soit trouvé une population de 3 millions d'individus dont 600,000 hommes en état de porter les armes ; que la Bible indique que la famille de Jacob entra en Egypte au nombre de 70 personnes, et qu'il est hors de toute vraisemblance que dans un espace de 215 ans, la population ait eu un pareil développement ; mais, contrairement à ces objections légèrement conçues, les commentateurs les plus sérieux ont prouvé que ces fixations numériques sont complétement justifiées.

Nous croyons donc que, par un simple calcul de générations si nombreuses à ces époques, on trouverait mathématiquement la confirmation de la question contestée, mais nous voulons cependant ajouter ici quelques détails relatifs à la population qui fit partie de l'Exode ; ce sont des considérations plutôt que des arguments :

1° Les esclaves hébreux, après six ans de travail, pouvaient recouvrer leur liberté, et alors ils étaient assujettis aux devoirs, aux lois et aux usages des autres Hébreux ; dans tous les cas, la servitude ne se prolongeait pas au delà de six ans, jusqu'au prochain Jubilé ;

2° Les environs de Sichem avaient été épuisés comme pâturages par les troupeaux considérables de Jacob, lorsque ses dix fils furent envoyés plus au nord de Naplouse, à quatre à cinq journées environ, sur des terres fertiles et non occupées ; ils avaient plus de 150 mille têtes de bétail qui faisaient la richesse du patriarche ; il y avait alors de nombreux bergers, mercenaires et esclaves qui prenaient soin des troupeaux ; en calculant un berger et un esclave pour 200 têtes, on voit que les enfants de Jacob avaient une surveillance très étendue et très laborieuse à exercer sur ce personnel si nombreux ;

3° Lorsqu'en 1706, une famine considérable se manifesta dans le Chanaan et que Jacob se rendit en Egypte, il amena avec lui, non-seulement ses troupeaux, ses bergers, ses gens de service, mais de nombreux animaux étrangers à sa maison, et des masses de Chananéens manquant de tout, pour eux et leurs animaux ;

4° On comprend d'ailleurs qu'en 1746, lors de la vente de Joseph, les enfants de Jacob étaient seulement les surveillants des troupeaux de leur père, et que 40 ans après (1706), au moment du départ pour l'Egypte, ils avaient *chacun* un établissement séparé et des troupeaux à eux propres.

Pour évaluer par analogie l'importance des gens de service dans les maisons des patriarches, il ne faut que jeter un coup d'œil en arrière sur Jacob quittant Laban (1739) et rencontrant Esaü à la tête de 400 hommes, et Abraham (1912) armant à la hâte 318 de ses serviteurs pour délivrer Loth dans la Pentapole.

Il est donc évident que l'émigration de Jacob et des dix chefs de maison devait présenter un personnel considérable, et que, d'ailleurs, dans le cours des 215 ans du séjour des Israélites en

— 537 —

Egypte, un grand nombre d'individus du Chanaan ont dû venir dans la terre de Gessen pour jouir de l'abondance des vivres dans cette contrée fertile, où aucune loi égyptienne ne défendait de s'établir.

Nous n'entendons certainement pas comprendre cette foule dans la famille de Jacob, mais nous présentons comme possible que les enfants du patriarche auront fait choix, pour surveillants de leurs troupeaux, des *Hébreux affranchis* plutôt que des mercenaires étrangers, et qu'une certaine quantité de ces Hébreux admis dans la maison d'Israël, auront dû accompagner, lors de leur entrée en Egypte, les 70 descendants de Jacob.

De toute manière, notre commentaire sur cette question doit mettre fin à toute discussion relative à la population des Juifs lors de l'Exode, car si un calcul rigoureux sur 70 personnes s'accorde parfaitement avec le chiffre de la Bible, ce calcul serait encore bien *dépassé (sans que cette démonstration soit indispensable)* par l'adjonction d'un certain nombre d'esclaves hébreux libérés.

N° 9

LES QUATRE LIVRES DES ROIS

Nous avons donné à la suite du chapitre des trois Bibles, la partie purement chronologique des Livres des Rois ; nous avons parlé, dans le cours de notre œuvre, de quelques écrivains qui pensent que les divergences de ces livres s'opposent à la formation d'une Chronologie complète.

La présente notice tend à éclairer cette question.

Il y a quatre livres de l'Ancien Testament qui portent ce nom, parce qu'ils comprennent les actes des rois des Juifs et les circonstances les plus importantes de leur gouvernement ; ces quatre livres n'en faisaient anciennement que deux (chez les Hébreux), dont le premier portait le nom de Samuel et l'autre celui des Rois.

Quelques commentateurs ont pensé que les deux premiers livres ont été composés sur des mémoires originaux authentiques, d'une même époque ; que l'auteur n'était pas contemporain, qu'il écrivit fort tard et que l'époque est incertaine.

Le concile de Francfort, dit la Bible de Vence, les attribue à Jérémie, mais nous n'avons pas vu dans le compte rendu de ce concile qu'il fût question de cette opinion.

Nous allons donner l'analyse de ces quatre livres et indiquer ce qu'il y a de plus probable, en ce qui concerne les auteurs.

Premier Livre des Rois

Il contient, dans trente et un chapitres, l'espace d'environ cent ans, depuis la naissance de Samuel (1155) jusqu'à la mort de Saül (1055). On y voit la consécration de Samuel dans le Temple du Seigneur ; l'insouciance d'Héli pour le désordre de ses enfants ; les menaces que Dieu lui fait faire ; l'accomplissement de ces menaces par la guerre des Philistins, qui prennent l'Arche dans une bataille où périrent Ophni et Phinée ; la mort du grand-prêtre, à ces fâcheuses nouvelles ; les maux dont Dieu frappe les Philistins pour avoir profané l'Arche sacrée ; la nécessité où ils sont de la renvoyer ; l'élection de Samuel pour juge d'Israël, et ensuite de Saül pour roi ; les commencements heureux de son règne, ses victoires contre les Ammonites et les Philistins ; l'infidélité et la désobéissance de ce prince qui attirent sa réprobation ; les commencements de David (sacré roi par Samuel) qui tue Goliath, est poursuivi par Saül et obligé de s'enfuir pour éviter les effets de la colère de ce roi ; David fut constamment persécuté par Saül ; mais il était lié avec son fils Jonathas (ou Jonathan) par une affection sincère et profonde ; cette union ne fut jamais compromise malgré la cruelle haine contre David de Saül, qui voulut plusieurs fois le faire périr ; Jonathas intervint toujours pour son ami et lui sauva souvent la vie ; cependant Jonathas avait le plus grand respect pour son père, et s'il informait toujours David des projets qui le menaçaient, il n'oubliait jamais le respect pour son père au point de le trahir : Jonathas avait souvent dit à David : Que veux-tu que je fasse, je le ferai.

Jonathas fut l'exemple de toutes les vertus ; il devait naturellement succéder à son père, mais le prophète ayant annoncé les desseins de l'Eternel sur David, Jonathas lui promit de ne jamais s'opposer à ce qu'il devint roi.

Jonathas fut un ange de paix entre Saül et David ; il aima et servit l'un et l'autre et remplit envers eux tous ses devoirs ; c'est un des plus beaux caractères de la Bible ; avant une bataille, dans une dernière entrevue avec David, il lui disait : Tu règneras et je serai le premier après toi....

Jonathas vaincu dans une bataille (Gelboë 1055) contre les Philistins périt avec ses deux frères Abinadab et Melchisua, en défendant son Dieu et son père ; David fut accablé de chagrin en apprenant la mort de Jonathas, et dans l'immensité de sa douleur il exhala ainsi ses regrets :

O Saül, ô mon roi, gloire d'Israël ! tu as donc trouvé la mort sur notre sol envahi ; comment nos braves guerriers ont-ils succombé avec toi sous le fer de nos ennemis ?

Peuple de Dieu, cachez bien ces désastres, ce serait un sujet de triomphe pour les Philistins ; ils témoigneraient par des fêtes, des joies trop cruelles pour nous.

Montagnes de Gelboë, théâtre sanglant de cette scène à jamais déplorable ! c'est sur vous que nos soldats ont laissé leurs armes et leurs corps profanés ; c'est sur vous que Saül a péri, quoiqu'il fût béni du Seigneur ! Puissent à jamais les nuages refuser la rosée et les larmes du ciel aux campagnes jusqu'ici fertiles dont vos coteaux sont couverts.

Jamais l'arc de Jonathas ne lança de flèches acérées sans avoir fait couler le sang des ennemis, et jamais l'épée de Saül ne porta des coups inutiles ; et les voilà confondus dans un même abime, ces princes si tendrement unis durant leur vie, ces héros qui réunissaient à la rapidité de l'aigle le courage intrépide du lion.

Filles d'Israël arrosez de vos larmes amères les cendres sacrées de votre roi et de son fils ; je crois encore à peine à nos malheurs ! est-il donc vrai qu'ils ont perdu la vie sous Gelboë !

Mon Jonathas, mon frère, mon ami ! je reste donc seul sur la terre ! ma douleur n'a plus de mots et mes yeux n'ont plus de pleurs pour exprimer l'accablement où me jette ta mort ; tu étais mes seules délices ; jamais liens si étroits n'unirent deux tendres âmes, et tu es arraché de mes bras !

Nos héros, rentrés dans le sein de Dieu, ont emporté avec eux nos cœurs inconsolables et la gloire de la nation.

L'Eternel l'a voulu ! nous ne proférons pas de plainte, nous n'élevons aucun murmure : nous disons seulement l'amertume de nos chagrins.

Second Livre des Rois

Il ne renferme que l'histoire du règne de David en vingt-quatre chapitres, dans l'espace de quarante ans, depuis sa seconde onction à Hébron (1055) jusqu'à l'an 1015 : alors il ordonna que Salomon fût couronné ; on y voit d'abord David reconnu pour roi par la tribu de Juda, tandis que les autres suivaient Isboseth, fils de Saül ; la mort de ce dernier fait rentrer toutes les tribus dans le parti de David, qui reçoit pour la troisième fois l'onction royale ; il prend Jérusalem sur les Jabuséens, bat à diverses reprises les Philistins, les Moabites, les Syriens et les Iduméens ; il fait venir l'Arche dans la cité sainte et forme le dessein de bâtir un temple au Seigneur : Dieu lui déclare que cet honneur est réservé à son fils ; Ammon, roi des Ammonites, outrage cruellement ses ambassadeurs et il envoie Joab pour se venger de ce prince. Pendant cette guerre, David oublie les préceptes de son Dieu, il fait mourir Urie; il ressent la punition divine qui lui est infligée ; Ammon est mis à mort par Absalon qui se révolte contre son père et est tué par Joab : La mort d'Absalon fut cruelle pour David ; il exprime sa douleur et ses regrets dans les termes les plus touchants, et cependant toute la vie d'Absalon fut criminelle ; David donne dans cette circonstance les preuves les plus évidentes de sa tendre et paternelle affection pour Absalon, mais il ne pût jamais douter de la mauvaise nature des instincts de ce fils.

David prépare tout ce qui est nécessaire pour la construction du Temple.

L'on n'est pas d'accord sur l'auteur de ces deux premiers Livres des Rois : Quelques-uns les attribuent à Samuel, dont le nom se lit à la tête de l'original hébreu ; il est au moins probable qu'il est auteur des vingt-quatre articles du premier livre qui renferment l'histoire de sa vie et le récit de ce que firent Saül et David pendant qu'il vécut ; car, comme sa mort est annoncée dans le vingt-cinquième chapitre, c'est une preuve qu'il n'a pas composé le reste : *Mortuus est Samuel ; planxerunt eum et sepelierunt eum in domo sua* (1 Roi, 27).

On croit que le premier livre fut achevé et le second fait, par Gad et Nathan ; cependant quelques remarques qui ne peuvent être du temps de Samuel ni de Nathan font conjecturer qu'Esdraz, ayant eu en main les originaux de Samuel et des anciens écrivains du temps de David, les a rédigés et retouchés, ce qui concilie les divergences et variations qui peuvent se trouver dans le texte de ces livres.

Troisième Livre des Rois

Il a vingt-deux chapitres de l'histoire, pendant 126 ans, depuis l'onction de Salomon et son association au royaume (1015) jusqu'à la mort de Josaphat, roi de Juda (889).

Après la mort de David, Salomon monte sur le trône, fait mourir Adonias, épouse en 1005 la fille de Pharaon Psousenès ; décide le différend entre deux femmes au sujet d'un enfant ; bâtit un temple au Seigneur, est comblé de richesses et de prospérités, étend sa renommée et est visité par la reine d'Ethiopie ; mais il s'oublie au point de tomber dans l'idolâtrie ; commet de grandes fautes et attire sur lui la colère de Dieu, qui lui épargne cependant la vue des maux dont il va frapper sa maison.

Salomon meurt et son fils Roboam lui succède (975). Ce prince aliéne par sa dureté, l'esprit et l'affection des Israélites et fait naître le schisme des dix tribus qui nomment Jéroboam pour leur roi ; ce livre contient enfin l'histoire des successeurs de Roboam, Abia, Asa et Josaphat, qui ne fut plus roi en 889 ; ceux de Jéroboam, Nadab, Baasa, Ela, Zamri, Amri, Achab et enfin Ochozias, qui cessa de régner en Israël en même temps que Josaphat descendit du trône de Juda, auquel succéda Joram en 889.

QUATRIÈME LIVRE DES ROIS

Il renferme vingt-cinq chapitres de l'histoire de 227 ans, depuis la mort de Josaphat ou la première année de Joram (889) jusqu'au commencement du règne d'Evilmerodac, roi de Babylone, qui tira de prison Jéconnias en 562 ; on voit à cette époque les coupables actions des rois d'Israël, successeurs d'Ochosias, et le récit des prophéties d'Addo, Achias, Elie, Elysée, Osée, Amos, Jonas et plusieurs autres.

Le royaume de Juda présenta alors les prévarications et les désordres de la plupart de ses rois ; Jérusalem prise par Nabuchodonosor en 606 ; les habitants menés captifs à Babylone, d'où ils ne sortirent qu'après soixante et dix ans ; la mort de Godolias ; le Temple brûlé en 588 et l'envoi du reste des Juifs en Egypte ; nous y voyons aussi d'autres prophètes que Dieu envoya à son peuple, Hanani, Azarias, Jehu, Isaïe, Jérémie, Sophonie, Holda, Michée, Joël et plusieurs autres.

On a aussi discuté sur l'auteur des deux derniers Livres des

Rois ; quelques-uns les attribuent à Jérémie, Isaïe, ou à quelqu'autre des prophètes ; on croit encore que David, Salomon, etc. avaient écrit l'histoire de leur règne ; que les prophètes ont écrit la vie des rois de leur temps, et que ce sont ces mémoires qui forment le fond de l'histoire sacrée contenue dans les livres composés par Esdraz tels que nous les avons ; ce sentiment n'est pas hors de vraisemblance, car il y a bien des caractères auxquels on peut reconnaître Esdraz, dans la suite de cette histoire, et s'il y a certains points qui ne conviennent pas à son temps, c'est que cet écrivain donnait mot pour mot les mémoires qu'il avait en mains et se contentait de les copier sans se mettre en peine de les concilier ; mais ces différences ou erreurs sont faciles à reconnaître par la comparaison, l'analogie et le parallélisme des dates : Si, par exemple, on rencontre pour un fait la citation biblique de 480 ans, toute interprétation qui tendra par divergence intermédiaire à modifier cette époque de 480, devra être écartée, car on ne peut pas, pour résoudre avec soi-même une difficulté qu'on crée critiquement, altérer par sa seule autorité les deux termes du commencement et de la fin d'une période authentiquement établie.

Les objections reprochées aux Livres des Rois comme ne présentant aucune concordance chronologique, ne sont donc pas assez fondées pour prétendre, comme le font des auteurs distingués, qu'aucune Chronologie de la Bible n'est possible à établir : On obtiendra, au contraire, un succès complet en restant fidèle aux indications des Livres Saints et en appelant à son aide pour élucider les intervalles des époques, les anciens écrivains, les légendes, traditions et documents étudiés et purgés de tout principe d'opposition superficielle ou préconçue.

Mais trop souvent les auteurs, en soutenant des opinions qui ne sont pas évidentes, affaiblissent le poids de la partie véridique de leurs écrits par les exagérations qu'ils y ajoutent.

N° 10

EPOQUES D'HOMÈRE ET D'HÉSIODE

Il serait difficile de fixer l'époque où commença la poésie, on la trouve partout, au berceau de toutes les nations ; elle dut naître aussitôt que des impressions vives frappèrent l'imagination de l'homme et sitôt qu'il eut des mots pour rendre ses idées : Il semble que plus les langues étaient pauvres, plus les ellipses étaient hardies et les métaphores multipliées ; l'homme ignorait beaucoup, il avait peu de connaissances positives : Une multitude de choses dont les causes lui échappaient ébranlaient ses sens : la nature et toutes ses beautés, la fécondité du sol, les forêts mystérieuses, le chant des oiseaux, le murmure des eaux, le bruit des vents, le fracas du tonnerre et les éclairs sillonnant la nue, tout était poétique pour l'homme qui mettait ses conjectures et ses rêveries à la place des causes réelles ; il voyait partout un pouvoir au-dessus du sien, une intelligence bien supérieure à la sienne et à laquelle il supposait une disposition bienveillante pour ses souffrances et ses privations; il lui attribuait tout ce qui lui arrivait d'heureux, tandis qu'il croyait ne devoir la cause de tous ses maux qu'à ses propres fautes et à sa négligence dans le culte et les hommages qu'il devait à ces faux dieux qu'il avait divinisés.

Tout cela était de la poésie et en est encore aujourd'hui pour l'âme qui n'est pas desséchée par les intérêts matériels, par les calculs positifs et par ce scepticisme qui cherche toujours, doute de tout et ne voit rien autour de lui que les combinaisons fortuites de la matière.

La poésie a civilisé les hommes ; elle nous instruit dès notre enfance, elle tempère la rigueur des préceptes ; elle rend la vertu plus aimable en lui prêtant ses grâces, elle élève l'âme et l'attendrit dans ses écrits et ses discours ; elle donne un corps à la transparence des pensées ; elle les fixe mieux dans les souvenirs et nous remplit de respect dans nos cérémonies religieuses.

La poésie nous inspire une noble ardeur en présence de l'ennemi, elle exalte l'amour de la patrie, et quand ses fictions se borneraient à calmer ou diriger l'activité inquiète de notre imagination, ne serait-ce pas déjà un bien réel, de nous ménager quelques doux moments sur la terre, au milieu de tant de maux qui nous environnent ?

Le puissant génie des Grecs voulut s'exercer sur les traditions et les imitations des temps reculés ; on en voit des traces remarquables et parmi elles la légende d'Iphigénie, qu'Agamemnon, son père, voulut sacrifier pour obtenir des vents favorables au départ de sa flotte, en 1184 ; mais la déesse n'accepta pas ce vœu, et Iphigénie, transportée en Tauride fut consacrée au culte de Diane : c'est dans ce temps, 1185, suivant le Livre des Juges, que Jephté présenta à Dieu sa fille en holocauste, c'est-à-dire qu'il la consacra comme esclave au service du Tabernacle.

Une autre narration fabuleuse nous présente Memnon venu au

secours de Troie, en 1190, et dont la statue dans les sables de Thèbes rendait des sons prolongés au lever du soleil, tandis que ce colosse est du règne de Pharaon Aménophis III, dit Memnon, qui accueillit Jacob et sa famille en 1706.

Manethon (Bunsen) dit : *Hic est qui Memnon putabatur, petra loquens,* et Strabon qui, vingt ans avant l'ère, parcourait l'Egypte avec Gallus, gouverneur romain, dit *avoir lui-même entendu* ces sons.

En dépouillant l'histoire de tout le merveilleux de la fable, on voit qu'il y a eu deux Memnon, l'un chef des armées du roi d'Assyrie, qui vint à Troie, et l'autre qui régna en Egypte en 1722 jusqu'en 1686.

Ces rapprochements de la poésie n'ont pas besoin de commentaires, et bien qu'on ne puisse comparer les compositions d'Homère avec les écritures saintes, il y a cependant, sous le rapport des actes de l'humanité, quelques analogies dans les usages et dans les mœurs : Dans tous les temps les hommes ont été, et sont encore les mêmes ; la diversité des climats et des gouvernements n'apporte aucune différence essentielle dans l'espèce, aucune variété dans les passions ; on retrouve partout les mêmes intérêts, les mêmes guerres, les mêmes erreurs, et l'on n'aura pas fait de progrès dans la saine philosophie si on ne s'aperçoit pas de la ressemblance frappante qui existe entre les contemporains de Moïse et d'Homère, et les hommes des temps postérieurs jusqu'à nous.

Si les poèmes d'Homère, l'Iliade et l'Odyssée, ont été considérés comme des chefs-d'œuvre de génie et d'éloquence, ils ne méritent pas moins d'être regardés comme un dépôt fidèle des usages et des coutumes des anciens, de leurs mœurs et de leur conduite publique et privée, de leurs sentiments sur la religion et sur la divinité : c'est là ce qui relève à nos yeux ces excellentes compositions et nous les rend si précieuses ; c'est là enfin où les héros du poète profane semblent une imitation lointaine de la simplicité des patriarches de l'auteur sacré.

Les sacrifices, les repas, les guerres, les siéges, les combats que décrit Homère, attestent la vérité de tout ce que les livres sacrés nous rapportent sur ces différents objets ; dans les sacrifices les rois font les fonctions de sacrificateurs ; les patriarches s'acquittent aussi de ce devoir dans Moïse. Les repas commencent par le bain, dans Homère ; Abraham lave les pieds de ses hôtes. On ne sert chez les Grecs, comme chez les Hébreux, que de grosses viandes, des bœufs, des moutons, etc. ; le sacrifice précède le repas chez l'un et l'autre peuple : les convives sont assis ; le maitre de la maison, ou un officier destiné à cet emploi, fait les parts, et l'on garde toute l'égalité possible dans leur distribution ; cependant les personnes que l'on veut honorer reçoivent des parts privilégiées. On voit des traces de cet usage dans les repas qu'Achille donna aux envoyés de la Grèce ; que le vieux Nestor présente au jeune Télémaque ; que Joseph donne à ses frères, et Samuel à Saül.

Dans les combats, on remarque les armes dont on se servait ; la méthode de mettre les troupes en bataille, la manière dont on les conduisait à l'ennemi ; l'art d'attaquer les places, de les défendre et de se retrancher. Les poèmes d'Homère et les histoires sacrées des Juifs nous donnent les mêmes lumières sur ce sujet.

Sous le rapport des mœurs et des devoirs de la vie civile, Horace ne craint point d'assurer qu'on trouve dans les poèmes d'Homère une morale plus épurée et plus exacte que dans les livres des meilleurs philosophes.

Le respect pour la divinité, pour les rois, pour les pères et mères, est recommandé par Homère presque dans les mêmes termes que dans les livres sacrés ; les rois y trouvent un grand nombre d'instructions, dont l'application les comblerait de gloire et ferait le bonheur des peuples.

Si nous passons des mœurs à la religion, à travers les nuages que l'ignorance et la superstition voulaient répandre sur l'essence de l'Être suprême et sur le culte qui lui est dû, on voit percer de toutes parts dans ces compositions des rayons de lumière qui nous font entrevoir les idées de l'unité de Dieu, de sa toute puissance, de ses décrets divins, de sa providence qui préside à tout, qui règle tout, qui est la source de tous les biens, de tous les talents, de tous les succès.

L'excellence des poèmes d'Homère et le prix que nous y mettons sont basés sur une valeur réelle : la variété du style, tantôt simple et naïf, tantôt orné et fleuri, tantôt grand et sublime, ses descriptions, ses harangues, le coloris et la justesse de son pinceau, tout élève l'âme et enchante l'esprit.

Cependant ce n'est point sur cela seulement que nous fondons notre estime pour ces admirables poésies ; les principes de morale puisés dans la nature, les traits de sagesse qui brillent dans la conduite et les discours de ses héros, l'unité de l'essence divine que cette foule étrange de divinités n'a point effacée de leur esprit, l'éloge de la piété, de l'hospitalité, de la vertu, de la modération, de l'obéissance due aux rois, aux princes ; la simplicité, la pureté, la ressemblance des mœurs de ces héros avec ce que Moïse nous dit des patriarches, la conformité, l'identité de leurs maximes et de leurs opinions avec celles du peuple Juif, les firent toujours regarder comme des monuments considérables.

On ne s'accorde pas sur l'époque où Homère et Hésiode ont vécu; on hésite sur les différentes dates entre 100 ans et 200 ans après la prise de Troie, qui a eu lieu en 1184 ; cependant en étudiant un peu profondément les faits et probabilités, on pourrait arriver à se former une opinion exacte.

Les marbres d'Arundel (Paros) ont, sans contredit, des fautes de composition, des erreurs d'interprétation et des parties détruites par le temps, mais on peut tirer un grand parti de ce monument.

Il faut d'abord retrancher vingt-cinq années portées en trop sur ces marbres, pour la date inexacte du point de départ qui est Cécrops (1582) et qui devrait être 1558 ; cette réduction doit être continuée jusqu'au septième siècle, et alors l'époque d'Homère, qu'on établit à 907, est ramenée à 884, et au lieu de 944 pour Hésiode, il aurait vécu en 919, c'est-à-dire trente-cinq ans avant Homère.

Chaque écrivain, pour appuyer son assertion, apporte des preuves que nous croyons devoir discuter superficiellement : ainsi, quelques auteurs affirment qu'on pourrait revendiquer près Hésiode plus de cent vers qu'il aurait tirés d'Homère ; ils ajoutent encore qu'on peut relever plus de trente termes ou locutions qui lui ont été servilement empruntés ; ils concluent donc qu'Homère avait précédé son rival ; mais, d'un autre côté, Sénèque et Pausanias allèguent l'extrême simplicité des poésies d'Hésiode qui semblent appartenir à une époque antérieure à Homère, et ils citent des passages assez nombreux imités et même copiés par ce dernier, sur Hésiode.

Ainsi voilà deux solutions contraires sur le même argument ; mais elles n'ont aucune valeur, car les deux passages différents ont pu être introduits du poème de l'un dans les poésies de l'autre, dans le trajet des années parcourues par les copistes, les éditeurs et les commentateurs qui ont publié les deux œuvres à différents intervalles.

La question resterait donc encore indécise, mais d'autres documents appuyant l'opinion que nous avons émise d'après les marbres d'Arundel rectifiés, nous croyons devoir poursuivre l'étude de ce sujet historique important.

Trois ouvrages d'Hésiode sont parvenus jusqu'à nous, le *Bouclier d'Hercule*, les *Travaux et les Jours* et la *Théogonie* ; les deux premiers sont relatifs à la filiation ou histoire des demi-dieux et à des préceptes et conseils sur la navigation et l'agriculture, qui ont donné à Virgile l'idée des Géorgiques : enfin la Théogonie, qui a été la première tentative considérable faite pour expliquer les traditions religieuses des Grecs, les résumer en corps de doctrine et donner à ce peuple une théologie. On reconnaît les traces de ce fait dans les poésies d'Homère, qui régularisent et font comprendre plus clairement ce qu'Hésiode a dit dans l'histoire des générations diverses qui représentent symboliquement les grandes phases de la création du monde ; enfin, on remarque dans Homère le complément d'Hésiode, et alors il faut que ce dernier ait précédé l'auteur de l'Iliade, ce qui paraît prouvé par cette observation d'Hérodote : « Je ne crois pas qu'Homère ait existé plus de 400 ans avant moi. » Or, il est reconnu qu'Hérodote est né à Halicarnasse, en Carie, à la fin de la 73e olympiade, soit 484 ans, qui, ajoutés aux 400, forment 884 pour la naissance d'Homère.

Une autre circonstance, si elle était avérée, prouverait la contemporanéité des poètes : plusieurs auteurs ont parlé d'un prix remporté par Hésiode sur Homère aux funérailles d'Amphidamas, roi de Chalis ; — Hésiode avait alors soixante-sept ans et Homère 32. Dion Chrisostome, d'après Varron, rapporte l'inscription dans laquelle Hésiode désigne expressément Homère pour antogoniste, mais par l'examen des preuves qu'on dit contenues dans le poème des Travaux et des Jours, on reconnaît la mention du combat poétique, sans y trouver le nom du vaincu, et cependant la gloire du triomphe sur un rival tel qu'Homère, aurait inspiré à Hésiode l'orgueil bien légitime de rehausser son triomphe en nommant son adversaire.

Homère

Le chantre de l'Iliade et de l'Odyssée a jeté le plus grand éclat sur sa patrie ; son génie créateur le place à la tête de tous les poètes :

Il ne se contente pas de puiser ses maximes et ses réflexions dans le prestige des arts et le vaste sein de la nature ; de prendre dans l'humanité les passions et les caractères qu'il donne à ses héros ; il faut une carrière encore plus vaste à son imagination. Son génie agrandit la sphère des êtres et crée un monde nouveau par le moyen de la fable. Ce fut lui qui le premier la fit respirer dans la poésie, dont Aristote prétend qu'elle est l'essence ; mais le grand mérite d'Homère est d'avoir été un peintre sublime. Il semble que tous les objets se présentent d'eux-mêmes à son imagination vive et rapide ; il en saisit tous les rapports en un instant, les grave en caractères de feu dans l'âme du lecteur, et non content de nous en donner l'analyse, il nous en découvre souvent des particularités inattendues ; avec quelle précision n'a-t-il pas rendu les diverses nuances des vertus et des vices ? Tous les héros de l'Iliade ont de la valeur ; mais les traits qu'Homère a employés pour exprimer cette brillante ardeur, sont aussi variés que les caractères mêmes de ses personnages. C'est le seul poète, suivant Aristote, qui ait créé des paroles vivantes : la flèche (dans l'Iliade) s'impatiente de voler à l'ennemi ; l'épée, est altérée de son sang, etc. Son expression néanmoins n'est jamais trop générale ; elle est toujours dictée par le sentiment, elle se proportionne et s'identifie en quelque sorte avec lui ; si l'idée est brillante, l'expression a de l'éclat, et prend plus de force et de vigueur à mesure que la pensée est plus profonde et plus sublime.

C'était le sentiment des anciens, que tous les auteurs tragiques n'étaient que les copistes et les imitateurs d'Homère : A son exemple, plusieurs poètes entreprirent de chanter la guerre de Troie : tels furent Arctinus, Lachès, Stesicore, Dicæogne, mais ils étaient placés à la suite d'Homère et se perdaient dans ses rayons, comme les étoiles se perdent dans ceux du soleil.

Ses poèmes parurent d'abord en pièces détachées et demeurèrent longtemps en cet état sous divers titres, tels que : *La Bataille et les Vaisseaux ;* la *Mort de Dolon ;* la *Vaillance d'Agamemnon ;* la *Patroclée ;* la *Grotte de Calypso.* On les appelait *rapsodies* (des mots grecs *je couds les chants*), et *rapsodes,* les chantres d'Homère qui parcouraient les villes. La Grèce marqua d'autant plus d'ardeur et d'empressement à transcrire ces œuvres et à les répandre, qu'elle y voyait éterniser la gloire de ses héros.

Pisistrate, roi d'Athènes, celui-là même dont Cicéron admirait l'éloquence et le savoir, fut le premier qui rassembla les poèmes d'Homère et qui les mit dans l'état où nous les avons : Il divisa l'Iliade et l'Odyssée conformément au dessein de l'auteur, et partagea ces différents poèmes en vingt-quatre livres, qui, dans la suite, furent désignés par les caractères de l'alphabet.

Du temps d'Alexandre, l'ignorance ou la mauvaise foi des copistes avait surchargé l'Iliade d'Homère d'un grand nombre de fautes ; ce monarque en fit faire une copie exacte par Anaxarque et Callisthènes. Il y travailla lui-même avec d'autant plus d'empressement qu'il regardait cet ouvrage comme une exhortation à la bravoure, et comme une école de toutes les vertus militaires. La correction achevée, il voulut avoir toujours son Homère avec lui ; il l'enfermait dans une riche cassette.

L'Egypte rendit le même hommage à ce célèbre poète. Les Ptolémée, protecteurs déclarés des sciences et des arts, chargèrent plusieurs savants de revoir avec la plus grande exactitude l'Iliade et l'Odyssée, et ils eurent pour ces œuvres de génie la plus haute admiration.

Hésiode et sa Théogonie

L'esprit humain curieux de ce qui l'environne et de ce qui l'a précédé, cherche les causes des effets et veut trouver la raison d'être de tout.

Il y réussit plus ou moins heureusement, mais il faut qu'il se contente de ce qu'il a découvert, et alors il se repait d'espérances d'avenir, en attendant la réalité. Les entretiens particuliers et publics d'Hésiode, roulaient sur la théologie et sur la physique du temps. Le talent poétique s'exerçait sur ces grands sujets qui étaient alors mêlés et confondus, parce que les causes de la nature et l'existence des dieux, étaient sous le même voile et devaient avoir la même origine. Les poèmes de la Cosmogonie et ceux de la Théogonie, qui expliquent la génération des dieux, furent la base de la religion et de la Mythologie.

Hésiode était contemporain d'Homère, mais toutes les idées sur la naissance des dieux et sur leur histoire, étaient reçues bien avant eux. Homère a employé la fable comme moyen, comme embellissement dans ses poèmes de l'Iliade et de l'Odyssée. Hésiode a traité ce sujet en théologien. Il n'a d'autre objet que de raconter l'origine des dieux et leur parenté ; d'autre but que de former à sa manière et suivant l'esprit du temps, un système de la nature et de la religion. Il n'est pas même le premier qui s'en soit occupé, car Linus avait expliqué en vers, la création du monde, et Orphée avait fait une Cosmogonie et une Théogonie : mais leurs ouvrages ont péri, et il ne nous reste que l'œuvre d'Hésiode.

Le poète commence par invoquer et chanter les muses : Les divinités qui inspirent les vers méritent le premier hommage de celui qui célèbre les dieux ; il ne fait que les imiter. Ces déesses habitent l'Hélicon et se purifient dans les eaux du Permesse, elles forment des danses autour de l'autel du fils de Saturne. C'est dans la nuit que, faisant entendre leur voix, elles invoquent les dieux et les déesses : Elles s'adressent à Hésiode ; elles lui annoncent qu'elles savent orner la vérité des couleurs de l'imagination, et quand elles le veulent, la montrer dans toute sa pureté. Hésiode reçoit de leurs mains le sceptre de la poésie, ou le laurier qui ne se flétrit jamais ; il se sent rempli de la connaissance du passé et de l'avenir, et il entre dans son sujet.

Hésiode demande aux muses comment ont existé les dieux et la terre, la mer vaste et orageuse, les astres lumineux, le ciel qui les renferme, et comment sont nés d'eux, les dieux bienfaiteurs des hommes.

On voit que dans Hésiode, comme dans Ovide et chez Orphée, tout commence par le chaos ; mais ce qui est remarquable, c'est que le poète distingue deux espèces de dieux : ceux qui ont toujours existé et ceux qui ont été produits et dont la demeure est la terre même où nous habitons ; on ne doit point être étonné si on y a placé les enfers où les hommes sont punis et récompensés, puisque les dieux même, suivant l'opinion de ces temps reculés, n'ont pas dédaigné d'y habiter. Remarquons que l'Olympe n'avait pas qu'un seul sommet : c'était un amas et une chaine de montagnes où les dieux avaient choisi leur séjour et placé leurs palais.

On a vu qu'Orphée a animé le monde par un rayon de lumière ; Hésiode fait faire ce miracle à l'Amour, le plus puissant des dieux, qui s'empare de nos pensées, qui soumet tous les cœurs ; cet amour, c'est la sympathie, la charité poétisée, le penchant qui porte les êtres l'un vers l'autre.

Hésiode expose alors une bizarre théologie où il veut expliquer, par un système physique, la formation de la terre, la nuit où elle était d'abord plongée, la naissance de l'Ether et de la lumière, la production du ciel paré de ses astres, l'apparition des montagnes, des mers et de l'Océan.

Mais il n'est pas facile de démêler quel est le sens véritable caché sous tous les emblèmes qu'imagine ensuite Hésiode ; on a pensé qu'ils étaient relatifs à l'agriculture ; dans les premiers temps, la terre produisait des fruits naturels : lorsque l'agriculture fut inventée, la terre fut livrée au travail ; son sein fut déchiré par la charrue, le blé naquit de la sueur de l'homme et fut le fils de son industrie et de ses peines. C'est ainsi qu'Hésiode nous raconte le commencement des choses ; il a fait sortir le jour et la nuit du chaos, ensuite la terre et le ciel.

Les généalogies d'Hésiode présentent donc une image des premiers temps ; la nécessité, avant la loi, a réglé les mœurs. Lorsque le genre humain n'était qu'une famille, il fallait bien que les frères épousassent leurs sœurs ; faute de ces alliances les hommes auraient quitté la terre sans y laisser de postérité.

Hésiode a traité longuement les règnes de sa Théogonie ; nous ne le suivrons pas dans cette énumération emblématique, nous nous bornerons à des résumés concis qui pourront donner une idée de son système.

Aussi passerons-nous sous silence, sauf de rares exceptions, les dieux, déesses et personnages importants si connus dans la Mythologie élémentaire ; mythologie composée de pièces rapportées, dont l'exagération touche à l'absurdité ; il nous faudra cependant nous arrêter à deux créations chimériques auxquelles Hésiode a donné quelques développements.

La première est Hécatée, qui naquit de la descendance de Phœbé et qui fut comblée par Jupiter de puissance et d'empire sur la terre et sur les mers ; elle réunissait les priviléges que le sort a distribués en détail à chaque divinité : quand les hommes voulaient se rendre les dieux favorables, ils ne manquaient pas d'invoquer Hécatée ; heureux ceux qu'elle favorisait ; ils se signalaient dans les combats, ils obtenaient la victoire et les honneurs qui en sont le prix ; Hécatée secourt les navigateurs effrayés par les tempêtes, elle inspire du courage, elle donne ou enlève les richesses ; enfin elle assiste au conseil des dieux et dirige leurs jugements.

Ces immenses pouvoirs et ces influences étaient, dans l'esprit d'Hésiode, au-dessus de la position des dieux eux-mêmes, et il lui semblait que c'est dans le sens de la magie qu'elle a pu exercer et maintenir son autorité au-dessus des autres divinités ; on peut en conclure qu'Hésiode entendit par là que les dieux étaient la nature avec leurs causes et leurs lois, et que la magie leur était supérieure et agissait sans leur concours.

La deuxième femme allégorique fut Pandore : Prométhée déroba le feu du ciel et l'introduisit sur la terre : Jupiter, outré de fureur, voulut manifester sa puissance et il résolut de répandre toutes les calamités sur l'espèce humaine.

Vulcain, par ordre de Jupiter, forma de limon, une créature nouvelle, munie de toutes les perfections ; tous les dieux vinrent alternativement lui apporter des qualités morales et des perfections matérielles.

Tous les présents des dieux furent renfermés dans une boîte que portait avec elle cette beauté funeste qui ignorait tous les maux dont elle disposait et qui témoignaient de la vengeance de Jupiter : Pandore était belle, elle plut à Prométhée ; elle voulut ouvrir la fatale boîte : Jusqu'à ce jour malheureux, les hommes avaient vécu exempts de peine ; ils n'avaient pas connu encore l'inquiétude, ce fléau des nuits sans sommeil ; la maladie ne tourmentait pas leur existence passagère et ne hâtait point leur vieillesse.

Mais de cette boîte sortirent toutes les calamités qui se répandirent sur la terre ; l'espérance seule resta ; mais à peine la tenons-nous, elle est posée sur le bord, et toujours prête à nous échapper.

Hésiode n'a point achevé cette fable dans sa Théogonie ; pensait-il, sous ces deux allégories, couvrir d'un voile les pouvoirs de la magie et le danger des séductions ?

A travers ces fictions, il y avait un but moral, et la composition d'Hésiode était un ouvrage grave et sérieux à son époque ; il faut donc présumer que les récits de la Théogonie, quelque extravagants qu'ils soient, portaient des enseignements symbolisés respectés des Grecs, et que les sublimes vérités de nos Livres Saints formaient le précieux fonds de ces travaux d'imagination.

CANONS CHRONOLOGIQUES

SYNOPTISME

CANONS CHRONOLOGIQUES

SYNOPTISME

ANNÉES		HISTOIRE SACRÉE
avant l'ère vulgaire.	du monde.	
4654	1	La première époque commence à la création de l'homme, 4654 ans avant l'ère vulgaire; Dieu le plaça dans le Paradis.
4652	2	Naissance de Caïn.
4651	3	Naissance d'Abel.
4523	131	Caïn, jaloux de son frère Abel, le fait mourir; Caïn, l'aîné des enfants d'Adam, s'était appliqué à l'agriculture, et son frère Abel, à la vie pastorale. Voici la postérité : 1. Henoch, fils de Caïn; 2. Irad, fils d'Henoch; 3. Maviael, fils d'Irad; 4. Mathusalem, fils de Maviael; 5. Lamech, fils de Mathusalem; 6. Jabel, fils de Lamech et d'Ada, sa première femme. Il fut le chef de ceux qui demeurèrent sous des tentes, et qui s'appliquèrent à la culture. Jubal fut frère de Jabel, et a été le premier qui ait touché les instruments de musique; Tubalcaïn, autre fils de Lamech et de Sella, sa deuxième femme, commença, le premier, à fondre l'airain et forger le fer.

CANONS CHRONOLOGIQUES

SYNOPTISME

ANNÉES	
avant l'ère vulgaire.	du monde.

HISTOIRE PROFANE

Plusieurs écrivains anciens : Berose, Polyhistor, Abydène, Proclus, Jamblique et autres, rapportent que, d'après les opinions des Babyloniens primitifs, on avait donné à la création de l'homme une origine fabuleuse qui se traduisait par 432 mille années ; cependant aucun de ces auteurs n'a parlé des hommes avant le Déluge que pour établir le règne de dix familles, ce qui semblerait prouver que la Genèse a dû faire la base de ces étranges supputations.

Puisque ce n'est pas par la multiplicité des chefs, mais par leur longévité, que l'on a formé un total aussi monstrueux, il faut que leur durée ait été considérablement exagérée ; et, en effet, on comptait par Sares, c'est-à-dire 3600 années solaires. Or, si au lieu de ce calcul, on admet, avec les anciens interprétateurs, 3600 révolutions journalières du soleil, on arrivera à des époques qui ne s'éloigneraient pas sensiblement de la Chronologie des Livres Saints,

HISTOIRE SACRÉE

ANNÉES		
avant l'ère vulgaire.	du monde.	
4524	130	Seth, 2ᵉ patriarche, vient au monde.
4419	235	Seth, âgé de 105 ans, eut Enos.
4329	325	Enos, âgé de 90 ans, eut Caïnan, 4ᵉ patriarche. Ce fut du temps d'Enos que le vrai culte de Dieu s'altéra dans la famille de Caïn ; mais Enos releva ce culte, et il se conserva dans la famille.
4259	395	Caïnan, âgé de 70 ans, engendre Malaléel.
4194	460	Malaléel, âgé de 65 ans, engendre Jared.
4032	622	Jared, âgé de 162 ans, engendre Enoch.
3967	687	Enoch, âgé de 65 ans, engendre Mathusalem.
3780	874	Mathusalem, âgé de 187 ans, engendre Lamech.
3724	930	Adam meurt âgé de 930 ans.
3667	987	Enoch disparait à l'âge de 365 ans (enlevé au ciel).
3612	1042	Seth, fils d'Adam, meurt âgé de 912 ans.
3599	1055	Lamech, âgé de 182 ans, engendre Noé.
3118	1536	Dieu révèle à Noé le dessein qu'il avait de submerger toute la terre par un déluge universel, et lui ordonne de bâtir une arche ou vaisseau, 120 ans avant que le Déluge arrive : il ne lui dit pas,

HISTOIRE PROFANE

puisque chaque Sare se composerait de 10 années environ au lieu de 3600.

Les Babyloniens firent donc mention de dix chefs avant le Déluge, qui, sans doute, sont le souvenir d'Adam et sa postérité jusqu'à Noé ; et Panodore, Ammien, Abydène et J. Mala affirment que les années ont été d'abord d'un jour chez les anciens auteurs profanes ; que les Egyptiens ignoraient une autre manière de compter, et que la révolution d'un jour formait une année. Macrobe ajoute que l'année est la révolution que les astres font journellement pour revenir au même point. Enfin, tous ceux qui ont écrit d'après les anciennes traditions de Babylone, soit par ignorance ou pour augmenter l'antiquité de leur nation, ont compté le retour journalier des astres pour une année.

Il sera facile, en suivant cette opinion reconnue probable par toute l'antiquité savante, de rapprocher l'histoire des Babyloniens de celle des Juifs ; c'est ce qu'a pensé Théophile d'Antioche, lorsqu'il s'explique ainsi :

« Quant à notre supputation, elle s'accorde avec

HISTOIRE SACRÉE

ANNÉES	
avant l'ère vulgaire.	du monde.
3098	1556

comme quelques auteurs l'ont écrit, que la vie de l'homme serait désormais réduite à 120 ans, mais que dans 120 ans l'homme serait détruit s'il continuait à mal agir.

Naissance de Japhet, Sem et Cham, enfants de Noé. Noé avait 500 ans avant la naissance d'aucun de ses fils; quand il entra dans l'arche il avait 600 ans (Gen. VII, 11). Deux ans après le Déluge, Arphaxad naquit de Sem qui était âgé de 100 ans; Sem avait 98 ans au Déluge, et Japhet, né à 500 ans de Noé, était l'aîné.

Le père Carrière pense, au contraire, que Sem était l'aîné, parce que le chapitre X, 21, porte : *Sem fratre Japhet majore*. D'autres commentateurs traduisent cette phrase par Sem frère de Japhet plus âgé (ou son aîné).

La Genèse (chap. V, 31) ne parle pas des enfants de Noé antérieurs à Japhet, Sem et Cham, que la Bible porte avoir été engendrés tous trois à 500 ans de la vie de Noé.

Le chapitre VI, 3, porte que Dieu voulut, à cause des crimes des hommes antédiluviens, que leur destruction eut lieu complétement dans 120 ans; les enfants de Noé n'étaient pas nés, puisque ce n'est que plus

HISTOIRE PROFANE

Berose qui, profondément versé dans les sciences des Chaldéens, a fait plusieurs travaux sur le Déluge et les nombreux faits qui s'y rapportent.

« Quelles que soient les difficultés pour réduire en système les antiquités babyloniennes qui ont paru aussi fabuleuses que les dynasties égyptiennes, nous espérons faire voir que cette histoire est du nombre de celles dans lesquelles on peut trouver des enseignements, après en avoir expliqué et rectifié ce qui présente d'abord des conceptions imaginaires. »

Berose, Abydène, Appollodore et Polyhistor, sont les seuls dont les fragments d'antiquité ont été épargnés par le temps ; Jules l'Africain et Le Syncelle, qui les ont conservés, nous serviront dans le sujet que nous traitons.

Nous avons d'abord reconnu trois systèmes dans le relevé de ces chefs antédiluviens :

Tableau

HISTOIRE SACRÉE

ANNÉES	
avant l'ère vulgaire.	du monde.
2998	1656

loin (verset 10) que Noé trouve grâce auprès du Seigneur, et il n'est pas alors question de ses descendants. Il est vrai que le père Carrières ajoute : *Il fut sauvé avec ses enfants,* mais cette addition au texte ne prouve pas que les fils étaient nés lors de la menace de Dieu ; ce n'est que plus tard (13-14) que le Seigneur ordonna à Noé de construire l'arche.

La résolution de faire périr les hommes par le Déluge, rapportée au sixième chapitre, précède donc de 20 années la déclaration faite à Noé (dans les 13 et 14 v.) après la naissance des trois enfants ; bien que cette déclaration soit antérieure à ces naissances, cela ne peut improuver nos arguments, puisque, d'ailleurs, des faits annoncés par anticipation se rencontrent fréquemment dans les Livres Saints.

Mort de Mathusalem, âgé de 969 ans. C'est celui de tous les hommes qui a vécu le plus longtemps.

Les monuments d'un déluge universel sont répandus par toute la terre ; on trouve des sols remplis de coquillages à des distances énormes de la mer.

Les empreintes de plantes des Indes trouvées en divers lieux de l'Europe, confirment le même événement. Il est d'ailleurs certain que toutes les nations

— 573 —

HISTOIRE PROFANE

SELON L'AFRICAIN BEROSE, POLYHISTOR	SELON APPOLLODORE D'APRÈS BEROSE	SELON ABYDÈNE (PALŒPHATE)
Règne en Sares.	*Règne en Sares*	*Règne en Sares.*
Alorus....... 10	Alorus....... 10	Alorus....... 10
Alasparus 3	Alasparus.....	Alaparus..... 3
Amelon...... 13	Amelon......	Amillarus 13
Amenon...... 12	Ammenon....	Ammenon.... 12
Metalarus 18	Megalarus.... 18	Megalarus.... 18
Doanus....... 10	Doanus 10	Daüs 10
Evedorachus .. 18	Evedoreschus..	Evedoreschus..
Amphis 10	Amempsinus .. 10	Anodaphus ...
Otiartes...... 8	Otiartes...... 8	....
Xisuthrus 18	Xisuthrus 18	Sisuthrus 18
Sares.. 120		

Ces trois listes ne s'accordent pas parfaitement les unes avec les autres, cependant on voit qu'il n'y a pas de divergences, mais seulement des omissions qui

HISTOIRE SACRÉE

ANNÉES		
avant l'ère vulgaire.	du monde.	
		ont conservé le souvenir d'un déluge, et que les poètes mêmes ne l'ont point perdu de vue dans leurs fictions.
2998	1656	On fixe le commencement du Déluge à l'an 1656 de la création du monde. Il dure une année entière : quelques jours auparavant, Noé ayant alors 600 ans, entre dans l'arche avec sa femme, ses trois fils et leurs femmes ; l'arche s'arrête sur le mont Ararat.
2997	1657	Noé sort de l'arche, il offre à Dieu des sacrifices d'actions de grâces.
2996	1658	Sem, âgé de 100 ans, engendre Arphaxad, deux ans après le Déluge.
2861	1793	Naissance de Sala, la 135ᵉ année de son père Arphaxad.
2731	1923	Naissance d'Héber, la 130ᵉ année de son père Sala. Héber est le père et le chef de tous ceux qui habitèrent au delà du Fleuve, c'est-à-dire de l'Euphrate. Touchant l'origine et l'antiquité de la langue hébraïque, on sait qu'Abraham sortit de la Chaldée par ordre de Dieu, pour aller habiter la Palestine et qu'il fut appelé hébreu (étranger, passager) par les Chana-

ANNÉES	
avant l'ère vulgaire.	du monde.

HISTOIRE PROFANE

dérivent de ce que différents auteurs qui ont été consultés, ne renfermeraient pas des détails complets.

Comme Berose, qui a étudié profondément cette matière, présente une récapitulation de 120 Sares, nous l'adopterons pour la transformation en années, avec d'autant plus de raison, qu'ultérieurement Abydène, Polyhistor et Apollodore se sont ralliés au chiffre de Berose.

TABLEAU CHALDÉEN

DEPUIS LA CRÉATION JUSQU'AU DÉLUGE

Pour accorder cette histoire profane avec le Livre de Moïse qui fixe à 1656 ans cet intervalle, il faut compter qu'un espace de 473 ans s'est écoulé depuis l'origine de la création jusqu'à Alorus, premier homme indiqué dans la tradition chaldéenne.

Alorus n'aurait donc commencé qu'en 473.

Tableau

HISTOIRE SACRÉE

ANNÉES	
avant l'ère vulgaire.	du monde.
2597	2057

néens ; il paraît qu'à cette époque son langage n'était pas différent de celui de ces peuples, puisqu'ils se comprenaient sans interprète ; on remarque aussi qu'Abraham, dans son voyage en Egypte, sut se faire entendre facilement ; mais 200 ans après, lorsque Jacob et Laban se quittèrent, il y avait déjà une modification dans leur langage (Genèse XXXI, 47).

L'ancienne écriture hébraïque est plutôt l'écriture chaldéenne : Les caractères hébreux ou phéniciens ne se sont conservés que sur les médailles et dans le Pentateuque samaritain ; ce recueil des cinq livres de Moïse est en anciens caractères hébreux qui étaient en usage avant la captivité de Babylone, ainsi que le font remarquer Eusèbe de Césarée, Diodore de Tharse, Saint Jérôme, Saint Cyrille, Procope de Gaze, Georges Le Syncelle, etc.

Naissance de Phaleg, l'an 134 de son père Héber. Ce fut dans ce même temps que les hommes entreprirent de bâtir une tour dans la plaine de Sennaar, qui depuis a été nommée la Tour de Babel ; la confusion des langues arriva dans ce même temps. Alors se fit la dispersion des peuples et la fondation des empires.

HISTOIRE PROFANE

ANNÉES		
avant l'ère vulgaire.	du monde.	

NOMS	SARES de 3600 ANS	Sares de 3600 jours, convertis en années de 365 jours		Commencement du règne l'an du monde		Fin du règne l'an du monde	
		ANNÉES	JOURS	ANNÉES	JOURS	ANNÉES	JOURS
Alorus......	10	98	226	473	...	571	226
Alasparus ...	3	29	208	571	226	601	69
Amelon.....	13	128	69	601	69	729	128
Ammenon ...	12	118	126	729	138	847	264
Metalarus ...	18	177	182	847	264	1025	81
Doanus	10	98	226	1025	81	1123	307
Evedorachus.	18	177	182	1123	307	1301	124
Amphis	10	98	226	1301	124	1399	350
Otiartes.....	8	78	321	1399	350	1478	306
Xisuthrus ...	18	177	182	1478	306	1656	123
	120	1178	1948				

Les 120 Sares à 3600 années feraient 432,000 ans.

— 578 —

HISTOIRE SACRÉE

De Japhet sont sortis tous les peuples du nord de l'Europe et de l'Asie ; de Sem, les peuples de l'Orient, ainsi que celui d'Israël ; de Cham sont venus les Chananéens, les Philistins, les Egyptiens et les anciens peuples d'Afrique.

ANNÉES avant l'ère vulgaire.	ANNÉES du monde.	
2558	2096	Mort d'Arphaxad, âgé de 438 ans.
2396	2258	Mort de Sem, 500 ans après la naissance d'Arphaxad.
2228	2426	Mort de Rehu.
2423	2231	Mort de Sala, fils d'Arphaxad, âgé de 438 ans.
2335	2319	Naissance de Sarug.
2358	2296	Mort de Phaleg, âgé de 239 ans.
2205	2449	Naissance de Nachor Ier (père de Tharé).
2126	2528	Naissance de Tharé, père d'Abraham.
1996	2658	Naissance d'Abraham, l'an 130 de Tharé.
1996	2658	On a regardé comme une difficulté à résoudre la question de l'âge auquel Tharé engendra Abraham ; nous avons donné (page 43) des calculs précis à ce sujet : Ils démontrent jusqu'à l'évidence, qu'Abraham est né le dernier, à 130 ans de son père ; c'est l'opi-

HISTOIRE PROFANE

Les 1948 jours forment 5 années 123 jours qui, ajoutés aux 1178 ans pour les dix règnes et aux 473 avant Alorus, recomposent les 1656 fixés par les Livres de Moïse ; tel est le système Chaldéen de Berose, où l'on ne doit voir qu'une imitation qui ne peut servir que de contrôle légendaire.

Années avant l'ère vulgaire.	du monde.
2597	2057

Après l'envoi successif de plusieurs colonies, vers 2597 et les années suivantes, le royaume d'Egypte a commencé : Ce fut la colonie de Cham qui, la première, habita cette contrée, puisqu'elle est nommée dans l'Ecriture *Terra Cham.* Il y mena une vie pastorale ; mais son fils Misraim, appelé Menès dans les auteurs profanes, y établit la royauté.

Après la mort de Menès, son royaume fut partagé en quatre Etats : celui de Thèbes ou de la Haute-Egypte, celui de la Basse-Egypte, celui de This et celui de Memphis.

Vers ce même temps commença le royaume de Babylone, dont Nemrod, selon les historiens sacrés, fut le fondateur.

Assur fonde Ninive, qui a été en divers temps la capitale de l'empire des Assyriens.

HISTOIRE SACRÉE

ANNÉES	
avant l'ère vulgaire.	du monde.

nion du plus grand nombre des écrivains ; cependant un ouvrage assez estimé, le Dictionnaire de l'Ecriture Sainte (revu et publié par l'abbé Sicard) porte ce qui suit (page 90) : — Aram est le troisième fils de Tharé ; lorsqu'il naquit son père avait 71 ans. — Ainsi, dans ce court article, il y a deux erreurs : 1° Si Aram était le troisième fils, il serait né à 130 ans de son père et il n'aurait pas pu avoir une fille de 10 ans de moins qu'Abraham ; 2° si Aram est né la 71ᵉ année de son père, il serait le premier né et non pas le dernier.

La Bible la Vulgate porte que Tharé avait 70 ans lorsqu'il eut Abraham, Nachor et Aram ; et comme Abraham est nommé le premier, il semblerait qu'il était l'ainé des trois fils. Les deux autres Bibles fixent 130 ans ; mais les Bibles n'indiquent jamais l'ordre des naissances. Les trois enfants de Tharé n'ont pas pu naître dans la même année ; Aram est né le premier, Nachor le deuxième et Abraham le dernier, comme nous l'avons établi.

Abraham a été nommé le premier par la préséance due à son importance, comme Jacob est nommé avant Esaü, Ephraïm avant Manassés, Moïse avant Aaron ; cette interprétation est justifiée par d'autres passages

HISTOIRE PROFANE

ANNÉES avant l'ère vulgaire.	ANNÉES du monde.	
2457	2197	Cosmabole, roi chaldéen, régna 14 ans.
2443	2211	Por ou Pong, roi chaldéen, 35 ans.
2408	2246	Nechurès, roi chaldéen, 43 ans.
2365	2289	Abius ou Abo, roi chaldéen, 48 ans.
2357	2297	Yao Ier, empereur de Chine, 100 ans.
2317	2337	Anibal, roi chaldéen, 40 ans.
2277	2367	Chinzire, roi chaldéen, 45 ans.
2258	2396	Chun, 2e empereur de Chine, 53 ans.
2232	2422	Mardocentes, roi arabe, 45 ans.
2205	2449	Yu, 3e empereur de Chine, 8 ans.
2197	2457	Ki, 4e empereur de Chine, 9 ans.
2187	2467	*Inconnu* (roi arabe), 40 ans,
2188	2466	Tai-Kang, 5e empereur de Chine, 21 ans.
2159	2495	Tchong-Kang, 6e empereur de Chine, 13 ans.
2147	2507	Sysimordac, roi arabe, 28 ans.
2146	2508	Siang, 7e empereur de Chine, 28 ans.
2119	2535	Nabius ou Nabo, roi arabe, 37 ans.

HISTOIRE SACRÉE

ANNÉES	
avant l'ère vulgaire.	du monde.
1986	2668
1921	2733
1921	2733
1920	2734
1913	2741
1912	2742

de l'Ecriture et notamment par la naissance de Sem, Cham, Japhet engendrés vers l'an 500 avant le Déluge ; encore, en cette circonstance, Sem nommé le premier, est le deuxième, Cham est le troisième et Japhet le plus âgé.

Naissance de Sara, fille d'Aram.

Dieu ordonne à Abraham d'aller à Ur, en Chaldée ; il s'y rend avec son père Tharé.

Mort de Tharé : Dieu commande à Abraham d'aller dans la terre de Chanaan ; il était âgé de 75 ans lorsqu'il partit pour ce voyage avec Sara, sa femme, et Loth, fils de son frère ; il vient à Sichem.

Famine qui oblige Abraham à quitter le pays de Chanaan et à aller en Egypte, où règne le roi pasteur Apophis ; Abraham revient dans le pays de Chanaan ; Loth s'établit à Sodome, et Abraham proche de la vallée de Mambré.

Les rois de Sodome et de Gomore se révoltent contre Codorlahomor.

Codorlahomor, roi de Perse, vient en Palestine et soumet les révoltés.

HISTOIRE PROFANE

ANNÉES avant l'ère vulgaire.	ANNÉES du monde.	
2118	2536	Chao-Kang, 8ᵉ empereur de Chine, 65 ans.
2082	2572	Paranus, roi arabe, 40 ans.
2057	2597	Chon, 9ᵉ empereur de Chine, 17 ans.
2042	2612	Nabonad, roi arabe, 25 ans.
2040	2614	Hoay, 10ᵉ empereur de Chine, 26 ans.
2022	2632	Belus, Assyrien, établit l'empire d'Assyrie, 55 ans.
2014	2640	Mang, 11ᵉ empereur de Chine, 18 ans.
1996	2658	Sie, 12ᵉ empereur de Chine, 16 ans.
1980	2674	Pou-Kiang, 13ᵉ empereur de Chine, 59 ans.
1967	2687	Ninus règne en Assyrie après la mort de Belus. Ninus donne son nom à la ville de Ninive, où il établit le siége de l'empire des Assyriens. Il soumet à sa domination les Arabes, les Arméniens, les Perses et une partie de l'Asie. Il épousa Sémiramis dont il eut un fils, Ninias.
1962	2692	Crés, l'un des Curètes, parent des Titans, commence à régner dans l'île de Crète, bâtit la ville de Gnoffe.
1944	2710	Kronos ou Saturne. C'est à ce temps qu'il faut rap-

HISTOIRE SACRÉE

ANNÉES		
avant l'ère vulgaire.	du monde.	
1912	2742	Codorlahomor et trois alliés, Amraphel, roi de Sennaar, Arrioch, roi de Pont, et Thadal, roi des Nations, font la guerre aux cinq rois de la Pentapole. Loth fut fait prisonnier avec toute sa famille. Abraham qui en est averti, va les surprendre avec 318 hommes, et, après un combat sanglant, il reprend tout le butin qu'ils avaient fait, et délivre Loth de leurs mains. Au retour de cette victoire, il rencontre Melchisedec, roi de Salem et prêtre du Très-Haut, qui lui offre du pain et du vin, et le bénit. Dieu promet à Abraham de lui donner un fils.
1911	2743	Après qu'Abraham eut habité dix ans dans la terre de Chanaan, Sara se voyant stérile lui donna sa servante Agar.
1910	2744	Ismaël, fils d'Abraham et d'Agar, vient au monde, Abraham ayant alors 86 ans.
1896	2758	Isaac naît, Abraham étant âgé de 100 ans, et Sara de 90.
1891	2763	Ismaël est chassé, avec sa mère Agar, de la maison d'Abraham. Ismaël habita dans le désert de Paran, et sa postérité fut nommée Ismaélite.

HISTOIRE PROFANE

ANNÉES avant l'ère vulgaire.	du monde.	
		porter la guerre de Kronos contre son père Ourane. Il est le premier de sa race qui ait pris le titre de roi.
1921	2733	Commencement des rois de Sycione.
1921	2733	Kiong, 14ᵉ empereur de Chine, règne 21 ans.
1920	2734	Apophis, roi pasteur, règne 61 ans dans la Basse-Egypte. Il y a lieu de croire que ce fut sous ce prince qu'Abraham alla en Egypte pour éviter la disette et la famine qui affligeaient alors la terre de Chanaan, où il demeurait ; et ce fut dans ce voyage que Sara fut enlevée par ce roi.
1915	2739	Mort de Ninus, roi d'Assyrie ; il avait régné 52 ans.
1915	2739	Sémiramis succède à Ninus et règne 42 ans ; elle embellit Babylone.
1900	2754	King, 15ᵉ empereur de Chine, règne 21 ans.
1879	2775	Kong-Kia, 16ᵉ empereur de Chine, 31 ans.
1873	2781	Nynias, roi d'Assyrie, 38 ans.
1859	2795	Amosis, roi d'Egypte, 18ᵉ dynastie, 25 ans. Il chasse les pasteurs et leur roi Apophis.
1858	2796	Inachus, né en Cappadoce, province d'Asie, est le premier roi d'Argos et y règne 50 ans : il donna son

HISTOIRE SACRÉE

ANNÉES	
avant l'ère vulgaire.	du monde.
1871	2783
1859	2795
1854	2800
1836	2818
1821	2833

1871 — 2783. Alliance entre Abraham et Abimelech, roi de Gerare. Isaac avait 25 ans lorsque Dieu commanda au patriarche Abraham de l'immoler sur la montagne de Moria ; mais Dieu lui fait défendre par un ange d'exécuter cet ordre.

1859 — 2795. Sara meurt à l'âge de 127 ans ; Abraham *achète* un champ en Hébron pour sa sépulture. Abraham envoie Aliezer chercher une femme pour Isaac, alors âgé de 40 ans. On amène Rebecca, petite-fille de Nachor, frère d'Abraham, qu'Isaac épousa.

1854 — 2800. Abraham épouse Cethura, dont il eut six fils, Zamram, Jersan, Madian, Madan, Jesboc et Sué : Il donne des présents à tous ces enfants et les envoie en Arabie, pour ne pas les conserver dans le pays promis à Isaac. Quelques auteurs veulent qu'il ait épousé Cethura avant la mort de Sara, comme femme de deuxième rang, et qu'après Sara il l'aurait épousée légitimement ; mais cette opinion ne s'accorde pas avec les dons qu'il fait aux six enfants en les éloignant de lui.

1836 — 2818. Isaac, à 60 ans, a deux jumeaux, Esaü et Jacob.

1821 — 2833. Abraham meurt âgé de 175 ans : On a dénaturé

HISTOIRE PROFANE

ANNÉES avant l'ère vulgaire.	ANNÉES du monde.	
		nom à un fleuve du Péloponèse, ce qui a fait dire que ce prince était un fleuve.
1850	2804	Jupiter, âgé de 62 ans, commence en Thessalie, suivant la Mythologie.
1848	2806	Kao, 17ᵉ empereur de Chine, 11 ans.
1837	2817	Fa, 18ᵉ empereur de Chine, 19 ans.
1835	2819	Egialée, roi de Sycione, 52 ans.
1835	2819	Arius, roi d'Assyrie, 30 ans.
1834	2820	Siebron, roi d'Egypte, 18ᵉ dynastie, 13 ans.
1821	2833	Amenophis, roi d'Egypte, 18ᵉ dynastie, 21 ans.
1818	2836	Koué ou Ki, 19ᵉ empereur de Chine, 52 ans.
1808	2446	Phoronée, 2ᵉ roi d'Argos, règne 60 ans, bâtit la ville de Phoronium, nommée depuis Argos, et y rassemble les peuples dispersés dans les campagnes. On prétend qu'il est le premier qui a sacrifié aux dieux et donné des lois à ses sujets.
1805	2849	Aralius qui avait succédé à Arius dans le royaume d'Assyrie, règne 40 ans.
1800	2854	Amessès, roi d'Egypte, 18ᵉ dynastie, 12 ans.

HISTOIRE SACRÉE

l'histoire d'Abraham par un grand nombre de fictions : on a prétendu qu'il avait demeuré longtemps en Egypte et qu'il y avait enseigné l'astronomie ; on veut qu'il ait inventé la langue hébraïque et les caractères syriens et chaldéens ; enfin, on ajoute qu'Abraham passa ses premières années dans la maison de son père où l'on adorait les idoles, et qu'au commencement, lui-même fut engagé dans ce faux culte, mais que Dieu l'ayant éclairé il y renonça.

Abraham fut enterré près de Sara dans le champ et la caverne de Maephela, qu'il avait achetés, d'Ephrom.

ANNÉES		
avant l'ère vulgaire.	du monde.	
1815	2839	Job naît à Hus en Idumée.
1804	2850	Isaac fait un voyage à Gerare, où une grande famine se déclara et l'obligea à quitter la contrée qu'il habitait.
1796	2858	Esaü, âgé de 40 ans, épouse des femmes étrangères.
1773	2881	Ismaël meurt âgé de 137 ans.
1760	2894	Isaac, à 137 ans, appelle Esaü pour lui donner sa bénédiction : Jacob (suivant le conseil de sa mère Rebecca) profite de l'absence de son frère pour la recevoir ; mais craignant le ressentiment d'Esaü, il

HISTOIRE PROFANE

ANNÉES avant l'ère vulgaire.	ANNÉES du monde	
1796	2758	Déluge d'Ogygès, 1020 ans avant la première olympiade ; le pays fut 200 ans sans être habité.
1788	2866	Meframutosis, roi d'Egypte, 18ᵉ dynastie, 26 ans.
1783	2871	Europs, roi de Sicyone, 45 ans.
1766	2888	Tching-Tang, 20ᵉ empereur de Chine, 13 ans.
1765	2889	Baleus Xercès, roi d'Assyrie, 30 ans.
1762	2892	Tmosis, roi d'Egypte, 18ᵉ dynastie, 9 ans.
1755	2899	Tay-Kia, 21ᵉ empereur de Chine, 33 ans.
1753	2901	Amenophis, roi d'Egypte, 18ᵉ dynastie, 31 ans.
1738	2916	Telchin, roi de Sicyone, 20 ans.
1735	2919	Armamitès, 38 ans.
1723	2931	Œnotrus, fils de Lycaon, conduit une colonie en Italie.
1722	2932	Horus, roi d'Egypte, 18ᵉ dynastie, 36 ans.
1720	2934	Vouting, 22ᵉ empereur de Chine, 29 ans.
1718	2936	Pelops, roi de Sicyone, 25 ans.
1715	2939	Dans ce temps parait Prométhée, fils de Japet, lequel retira les Grecs de la barbarie ; ce qui a fait dire qu'il

HISTOIRE SACRÉE

ANNÉES		
avant l'ère vulgaire.	du monde.	
		part pour la Mésopotamie, où il demeure chez Laban, son oncle.
1759	1895	Jacob, âgé de 77 ans, épouse Lia et Rachel, filles de Laban.
1758	2896	Ruben naît de Lia.
1757	2897	Siméon naît de Lia.
1756	2898	Lévi, 3ᵉ fils de Lia, vient au monde.
1755	2899	Naissance de Juda, 4ᵉ fils de Lia.
1754	2900	Naissance de Dan, fils de Bala, servante de Rachel.
1753	2901	Naissance de Nephtali, de la même Bala ; Gad vient au monde de Zelpha, servante de Lia.
1751	2903	Aser, autre fils de Zelpha, vient au monde, et Issachar, 5ᵉ fils de Lia.
1750	2904	Zabulon naît, cette année, de Lia.
1747	2907	Naissance de Dina, fille de Lia.
1745	2909	Rachel met au monde Joseph.
1739	2915	Jacob, après avoir servi Laban, son beau-père, pendant 20 ans, va demeurer environ deux ans à Sochoth.

HISTOIRE PROFANE

ANNÉES	
avant l'ère vulgaire.	du monde.
1713	2941
1706	2948

avait formé les hommes. On assure qu'il a été le premier qui tira le feu des cailloux, d'où l'on a imaginé qu'il avait pris le feu du ciel. Son frère Epiméthée inventa l'art de faire des vases de terre.

Argos ou Argus, 4ᵉ roi d'Argos, règne 70 ans ; il donne le nom d'Argos à la ville de Phoronium, et au pays celui d'Argolide. Apis usurpe en même temps le trône et gouverne 35 ans ; il donne au Péloponèse le nom d'Apia.

Nous croyons devoir donner ici quelques détails sur l'Egypte qui a été le séjour continu des Israélites pendant 215 ans : de 1706, arrivée de Jacob, jusqu'à 1491, départ de Moïse.

L'Egypte, appelée, suivant Plutarque, par les anciens habitants, Chemia, et par les Coptes, Chemi, tire son nom de Cham, fils de Noé ; les psaumes la nomment Terre de Cham.

Les géographes de l'antiquité ne s'accordent pas sur les limites qui bornaient autrefois l'Egypte; quelques-uns ont cru que le Delta seul devait porter ce nom.

La Thébaïde, à qui les Grecs ont donné ce nom, est appelée dans les Ecritures, Pathros ; Thèbes, sa capi-

HISTOIRE SACRÉE

ANNÉES		
avant l'ère vulgaire.	du monde.	
1738	2916	Job a 70 ans ; il souffre sept ans.
1737	2917	Jacob part de Sochoth et va demeurer à Salem, ville des Sichémites. Il y reste environ huit ans.
1730	2924	Dina, âgée de 16 ans, ayant eu la curiosité d'aller voir les fêtes des Sichémites, est enlevée par le fils du roi. Siméon et Lévi, frères de Dina, vengent cet affront par le massacre des Sichémites.
1728	2926	Jacob vient à Bethel. Rachel meurt après avoir mis Benjamin au monde. Joseph, âgé de 17 ans, est vendu par ses frères à des marchands Madianites ; il devient ensuite esclave de Putiphar, officier de Pharaon, roi d'Egypte.
1728	2926	Juda, âgé de 26 ans, épouse une femme Chananéenne, dont il a Her.
1718	2936	Joseph est mis en prison par Putiphar.
1717	2937	Joseph explique les songes des deux officiers de Pharaon.
1716	2938	Lévi a un fils appelé Caath.
1716	2938	Mort d'Isaac, âgé de 180 ans.
1715	2939	Pharaon fait venir Joseph, âgé de 30 ans, qui lui

HISTOIRE PROFANE

tale, était sur les bords du Nil : Homère fait mention de sa magnificence et de ses cent portes ; elle fut ruinée par Cambyse.

Ce qui rend le Nil précieux pour l'Egypte, ce sont les inondations régulières et annuelles qui couvrent de ses eaux et de ses limons fertilisants plus de 750 lieues carrées.

La Bible mentionne sept années de famine qui eurent lieu surnaturellement par la volonté de Dieu ; les inondations du Nil étaient dans l'antiquité fort irrégulière, à cause de la différence des niveaux du sol sur la ligne d'Abyssinie. Nous avons traité ce sujet *in extenso*, page 526, dans notre livre.

Plus tard, divers Pharaons ont fait exécuter d'importants travaux pour la rectification du cours du fleuve.

ANNÉES avant l'ère vulgaire.	ANNÉES du monde.	
1697	2957	Belochus, roi d'Assyrie, règne 35 ans.
1693	2961	Thelxion, roi de Sicyone, 52 ans.
1691	2963	Tay-King, 23ᵉ empereur de Chine, 25 ans.

HISTOIRE SACRÉE

ANNÉES		
avant l'ère vulgaire.	du monde.	
		prédit sept années d'abondance, qui seront suivies de sept années de stérilité. Pharaon le charge du gouvernement de toute l'Egypte, et lui fait épouser la fille de Putiphar, prêtre d'Héliopolis.
1714	2940	Naissance de Manassé, fils aîné de Joseph.
1713	2941	Naissance d'Ephraïm, 2ᵉ fils de Joseph.
1708	2946	La famine commence en Egypte.
1707	2947	Les frères de Joseph vont pour la première fois en Egypte, pour y chercher des grains.
1706	2948	Jacob ayant envoyé ses enfants pour la deuxième fois en Egpyte, Joseph se fait connaître à eux et y fait venir son père, âgé de 130 ans, avec toute sa famille. Il explique à Jacob que Dieu lui donna une mission en l'envoyant en Egypte et lui recommanda le silence sur son sort. Joseph avait dit à plusieurs reprises aux deux compagnons de sa prison, au Pharaon et à ses ministres : « C'est Dieu qui envoie les songes, qui les explique et en inspire l'interprétation. » Joseph ajoutait : « Dieu m'a fait oublier la maison de mon père ; il a changé le mal en bien ; il s'est servi de moi pour sauver beaucoup de peuples. » (Genèse 50-19, 50-20, 41-51)

HISTOIRE PROFANE

ANNÉES avant l'ère vulgaire.	ANNÉES du monde.	
1686	2968	Achenchères.. Rathotis...... Achenchères.. Achenchères.. } Rois d'Egypte, 18ᵉ dyn., 56 ans.
1677	2977	Criasus, roi d'Argos et de Mycènes, 54 ans.
1666	2988	Siao-Kia, 24ᵉ empereur de Chine, 17 ans.
1662	2992	Belée, roi d'Assyrie, 52 ans.
1649	3005	Yong-Ki, 25ᵉ empereur de Chine, 12 ans.
1637	3017	Tchong-Soug, 26ᵉ empereur de Chine, 75 ans.
1630	3024	Armaïs, roi d'Egypte, 18ᵉ dynastie, 12 ans.
1619	3035	Sous Armaïs, commencement de la persécution des Hébreux.
1618	3036	Ramsès Iᵉʳ, roi d'Egypte, 19ᵉ dynastie, 6 ans.
1612	3042	Sethos, roi d'Egypte, 19ᵉ dynastie, 51 ans.
1610	3044	Althadas Sethos, roi d'Assyrie, 32 ans.
1578	3076	Mamytus, roi d'Assyrie, 30 ans.
1562	3092	Tchong-Ting, 27ᵉ empereur de Chine, 13 ans.
1561	3093	Ramsès II, roi d'Egypte, 19ᵉ dynastie, 66 ans.

HISTOIRE SACRÉE

ANNÉES	
avant l'ère vulgaire.	du monde.
1689	2965	Jacob meurt âgé de 147 ans.
1636	3018	Joseph meurt en Egypte, âgé de 110 ans.
1634	3020	Amram, père de Moïse, vient au monde, Caath, son père, ayant 80 ans.
1619	3035	Lévi meurt âgé de 137 ans.
1598	3056	Job meurt à 217 ans.
1595	3059	Caath meurt à l'âge de 133 ans.
1582	3072	Naissance de Marie, sœur de Moïse.
1574	3080	Naissance d'Aaron, frère de Moïse.
1571	3083	Moïse vient au monde en 1571, dans la 41ᵉ année du règne de Sethos, qui fut de 51 ans. On accablait les Israélites de travaux pénibles et on exigeait des ouvrages au-dessus de leurs forces. Cependant ils se multipliaient au point d'inspirer des inquiétudes au Pharaon sur l'avenir de son peuple ; il ordonne alors de mettre à mort tous les enfants mâles qui naîtraient chez les Hébreux qui étaient dans toute l'Egypte : cette loi fut très rigoureusement exécutée.
1571	3083	Amram et Jocabed, père et mère de Moïse, cachèrent sa naissance pendant trois mois, mais ils furent

HISTOIRE PROFANE

ANNÉES avant l'ère vulgaire.	du monde.	
1558	3096	Un événement considérable donne une face nouvelle à la Grèce : Cécrops arrive d'Egypte et fonde Athènes ; il établit douze tribus et donne des lois. Il règne 50 ans.
1554	3100	Triopas, roi d'Argos, commence son règne de 46 ans.
1549	3105	Deucalion, fils de Prométhée et petit-fils de Japhet, vient de la Haute-Asie dans la Grèce ; il se rend maître d'une partie de la Basse-Thessalie.
1549	3105	Ouay-Gin, 28ᵉ empereur de Chine, règne 15 ans.
1548	3106	Mancalius, roi d'Assyrie, 28 ans.
1542	3112	Cydon règne dans l'île de Crète.
1534	3120	Ho-Tang-Kia, 29ᵉ empereur de Chine, 9 ans.
1530	3124	Phlégia brûle le temple d'Apollon à Delphes.
1527	3127	Scamander vient de Crète en Phrygie avec une colonie.
1526	3128	Messapus, roi de Sicyone, 47 ans.
1525	3129	Lycaon règne en Arcadie.
1525	3129	Tsou-Y, 30ᵉ empereur de Chine, 19 ans.

HISTOIRE SACRÉE

ANNÉES	
avant l'ère vulgaire.	du monde.
1531	3123

enfin contraints de l'exposer sur le Nil ; Thermutis, la fille du Pharaon, l'aperçut flottant sur les eaux, dans une petite corbeille que Jocabed avait déposée quelques moments avant l'arrivée de la princesse ; elle voulut le sauver et elle le fit instruire dans toutes les connaissances des Egyptiens. Il restait à la Cour, mais il souffrait des mauvais traitements dont les Hébreux étaient l'objet : un jour qu'il s'était rendu sur le lieu du travail, il vit un des surveillants égyptiens frapper un de ses frères ; il s'approcha et voulut faire des remontrances qui furent mal accueillies. Moïse fut obligé de se défendre contre une attaque brutale et tua le surveillant qu'il ensevelit dans le sable.

Convaincu qu'il serait puni de mort pour avoir tué un Egyptien, Moïse s'enfuit chez les Madianites, et un soir, qu'accablé de fatigue et de faim, il se trouvait près d'un puits, il vit venir les filles de Jethro, l'un des chefs du pays, avec un nombreux troupeau qu'elles voulaient abreuver ; il les protégea contre des opposants et les accompagna chez leur père, qui le prit à son service, et quelques temps après il épousa Séphora, l'une des filles.

HISTOIRE PROFANE

ANNÉES avant l'ère vulgaire.	ANNÉES du monde.	
1520	3134	Sphœrus, roi d'Assyrie, 22 ans.
1519	3135	Cadmus, Egyptien, bâtit Thèbes, en Béotie.
1518	3136	Crotopus commence à Argos un règne qui dure 21 ans.
1508	3146	Crotonée, roi d'Argos et de Mycènes, 23 ans.
1507	3147	Cranaus règne à Athènes après Cécrops et ne gouverne que 9 ans.
1506	3148	Tsou-Sin, 31ᵉ empereur de Chine, 16 ans.
1506	3148	Mœon, roi de Lydie.
1499	3155	Amphictyon, roi d'Athènes, 10 ans.
1498	3156	Mamylus II, roi d'Assyrie, 30 ans.
1497	3157	Etablissement du Conseil des Amphictyons aux Thermopiles, pour juger les affaires générales de la Grèce.
1496	3158	Les Grecs appelés Hellènes, d'après Hellen, fils de Deucalion.
1495	3159	Menephtès, roi d'Egypte, 19ᵉ dynastie, 20 ans. Il était fils de Ramsès II ; à la quatrième année de son règne il laissa les Hébreux partir d'Egypte.

HISTOIRE SACRÉE

ANNÉES	
avant l'ère vulgaire.	du monde.
1497	3157
1495	3159
1491	3163
1491	3163
1489	3165

1497 — 3157 — Amram meurt à l'âge de 137 ans.

1495 — 3159 — Ramsès II, roi d'Egypte, meurt après 66 ans de règne : il avait commencé à régner à la 10ᵉ année de Moïse.

1491 — 3163 — Moïse, âgé de 80 ans, faisant paître les troupeaux de Jethro sur la montagne d'Oreb, voit le buisson ardent. Dieu lui ordonne de délivrer ses frères de la servitude d'Egypte ; il va trouver le Pharaon, Menephtès Iᵉʳ, successeur de Ramsès II, et lui dit de laisser sortir les Israélites hors de l'Egypte, suivant la volonté de Dieu.

1491 — 3163 — Après des hésitations et refus, Pharaon laisse partir les Israélites, et Moïse est leur conducteur. Les Israélites passent la mer Rouge ; Pharaon les poursuit ; son armée est submergée ; Dieu donne sa loi sur le mont Sinaï.

1489 — 3165 — L'an 2ᵉ de la sortie d'Egypte, Moïse construit le Tabernacle. Il avait donné pour Grand-Prêtre son frère Aaron, et établi des prêtres et des lévites. Les Israélites célèbrent la seconde Pâque cette même année, et Dieu punit leurs murmures. Marie et Aaron se ré-

HISTOIRE PROFANE

ANNÉES		
avant l'ère vulgaire.	du monde.	
1491	3163	Lelex, 1ᵉʳ roi de Sparte.
1490	3164	Ou-Kia, 32ᵉ empereur de Chine, 25 ans.
1488	3166	Erichtonius, roi d'Athènes, établit les jeux Panathéniens. — Dardanus est le 1ᵉʳ roi de Troie et règne 31 ans.
1486	3168	Danaus vient d'Egypte à Rhodes et en Grèce ; il fut roi d'Argos et frère de Ramsès II, roi d'Egypte ; ce règne et cette parenté sont contestés.
1485	3169	Sthelenus, roi d'Argos et de Mycènes, 11 ans.
1475	3179	Sethos Marienphta, roi d'Egypte, 19ᵉ dynastie, 21 ans.
1468	3186	Sparteus, roi d'Assyrie, 42 ans.
1466	3188	Tsouting, 33ᵉ empereur de Chine, 32 ans.
1454	3200	Amenemès, roi d'Egypte, 19ᵉ dynastie, 5 ans.
1449	3205	Tuoris, roi d'Egypte, 19ᵉ dynastie, 7 ans.

C'est dans cette 19ᵉ dynastie que se trouve le Pharaon sous lequel eut lieu l'Exode ou sortie d'Egypte des Israélites, sous la conduite de Moïse, en 1491.

Ramsès II régna 66 ans à partir de 1561, et son fils

HISTOIRE SACRÉE

ANNÉES avant l'ère vulgaire.	du monde.	
		voltent ; Moïse envoie des émissaires dans la terre de Chanaan ; ils y restent 40 jours, et sur le rapport qu'ils font, tout le peuple se soulève, à l'exception de Josué et de Caleb.
1489	3165	Les Israélites commencent à voyager dans le désert. La terre s'ouvre et engloutit Corè, Dathan et Abiron qui s'étaient élevés contre Moïse et contre son frère Aaron.
1453	3201	Marie, sœur de Moïse, meurt âgée de 131 ans ; quatre mois après, Aaron meurt à 123 ans. Eléazar, son fils, est fait souverain pontife en sa place.
1452	3202	Les Israélites défont Arad, roi des Chananéens, et Sélion, roi des Amorrhéens. Moïse combat Og, roi de Bazan ; le grand-prêtre Eléazar fait le dénombrement du peuple.
1451	3203	Moïse va sur la montagne d'Abarim ; il voit la terre promise et il établit Josué pour son successeur. Il bénit le peuple et meurt sur la montagne de Nebo, âgé de 120 ans ; il est pleuré pendant 30 jours par les Israélites, suivant l'usage des Juifs.
1451	3203	Josué succède à Moïse et passe le Jourdain. Il célè-

HISTOIRE PROFANE

ANNÉES avant l'ère vulgaire.	ANNÉES du monde.	
		Menephtès Seti commença à régner en 1495 ; après quatre année de son règne, l'Exode eut lieu ; il poursuivit les Israélites, son armée fut engloutie, mais il échappa personnellement au désastre et régna encore 16 ans.
1442	3212	Ramsès III, roi d'Egypte, 20e dynastie, régna 26 ans.
1438	3216	Paudion, 5e roi d'Athènes, 40 ans.
1433	3221	Nan-Keng, 34e empereur de Chine, 35 ans.
1426	3228	Ascalades, roi d'Assyrie, 48 ans.
1416	3238	Ramsès IV, roi d'Egypte, 20e dynastie, 3 ans.
1413	3241	Ramsès V, roi d'Egypte, 20e dynastie, 8 ans.
1408	3246	Yang-Kia, 35e empereur de Chine, 7 ans.
1407	3247	Minos l'Ancien règne en Crète.
1405	3249	Ramsès VI, roi d'Egypte, 20e dynastie, 11 ans.
1401	3253	Pan-Keng, 36e empereur de Chine, 28 ans.
1398	3256	Erechtée, 6e roi d'Athènes, 50 ans.
1394	3260	Ramsès VII, roi d'Egypte, 20e dynastie, 3 ans.
1391	3263	Ramsès VIII, roi d'Egypte, 20e dynastie, 6 ans.

HISTOIRE SACRÉE

ANNÉES	
avant l'ère vulgaire.	du monde.
1445	3209
1444	3210
1434	3220
1423	3221
1429	3225
1429	3225
1414	3240

bre la Pâque ; prend Jéricho, Haï, Gabaon et d'autres places. Il commence avec les rois Chananéens une guerre qui dure six ans, et fait la conquête de la terre promise.

Première division de la terre promise.

L'Arche du Seigneur est placée à Silo.

Josué meurt âgé de 110 ans. Caleb et les Anciens commencent à gouverner pendant 5 ans. Guerre des autres tribus contre celle de Benjamin. Les tribus de Juda et de Siméon défont Adonisedec.

Phinée, quatrième fils d'Aaron, grand-prêtre pendant 19 ans.

Mort des anciens d'Israël. Le peuple tombe dans l'idolâtrie. Dieu punit Israël par la première servitude qui dure huit ans, sous Chuzan, roi de Mésopotamie.

Les Israélites se convertissent. Le Seigneur leur donne Othoniel, qui les délivre de l'oppression de Chuzan, et qui est établi juge d'Israël pendant 40 ans.

Le livre de Josué est écrit cette année par Phinée,

HISTOIRE PROFANE

ANNÉES avant l'ère vulgaire.	ANNÉES du monde.	
1385	3269	Tumery (usurpateur), roi d'Egypte, 20ᵉ dynastie, 5 ans.
1385	3269	La ville de Corinthe est rétablie et nommée de ce nom.
1384	3270	Cérès enseigne la manière de semer.
1381	3273	Triptolème montre, en Grèce, le labourage.
1380	3274	Grands-Prêtres (Egypte), règnent 29 ans.
1378	3276	Amynthès, roi d'Assyrie, 45 ans.
1374	3280	Enlèvement de Proserpine, fille de Cérès.
1373	3281	Poème d'Eumolpus sur cet enlèvement.
1373	3281	Siao-Sin, 37ᵉ empereur de Chine, 21 ans.
1366	3288	Bacchus Dionysios vient au monde.
1364	3290	Janus règne 36 ans en Italie.
1362	3292	Tantale commence à régner en Phrygie.
1352	3302	Siao-Y, 38ᵉ empereur de Chine, 28 ans.
1351	3303	Ramsès IX, roi d'Egypte, 20ᵉ dynastie, 18 ans.
1351	3303	Sisyphe, roi de Corinthe, commence à régner.
1348	3306	Cécrops II, roi d'Athènes, 40 ans.

HISTOIRE SACRÉE

ANNÉES	
avant l'ère vulgaire.	du monde.
1390	3264
1390	3264
1311	3343
1311	3343
1272	3382
1272	3382

grand-prêtre, à sa dernière année de fonctions. Abiezer, Bocci et Usi sont successivement nommés grands-prêtres, et exercent pendant 258 ans; Héli succède alors, en 1156.

Les Israélites retombent dans l'idolâtrie et Dieu les punit par la seconde servitude qui dure 18 ans, sous Eglon, roi des Moabites, qui se joint aux Amalécites et aux Ammonites et prend Jéricho.

Le peuple d'Israël s'étant repenti, Dieu lui envoie pour libérateur Aod, 2ᵉ juge, qui gouverne pendant 80 ans. Une autre partie des Israélites qui était en servitude sous les Philistins, est délivrée par Samgar.

Après la mort d'Aod, Israël retombe dans ses anciens crimes, et Dieu l'en punit par la troisième servitude qui dure 20 ans, sous Jabin, roi des Chananéens.

Après 20 ans de captivité, Dieu écoute les cris de son peuple et le délivre de la servitude, par Debora et Barac 3ᵉ juge. Ce gouvernement dure 40 ans.

Les Israélites retournent à leur idolâtrie et Dieu les en punit par la quatrième servitude, qui dure 7 ans.

Israël étant rentré en lui-même, Dieu lui envoie

HISTOIRE PROFANE

ANNÉES avant l'ère vulgaire.	ANNÉES du monde	
1345	3309	Tros règne en Dardanie ; les peuples prennent le nom de Troyens.
1333	3321	Ilium, bâtie 117 ans avant le voyage des Argonautes.
1333	3321	Ramsès X, roi d'Egypte, 20ᵉ dynastie, 11 ans.
1333	3321	Belochus II, roi d'Assyrie, 25 ans.
1324	3330	Vouting, 39ᵉ empereur de Chine, 59 ans.
1322	3332	Ramsès XI, roi d'Egypte, 20ᵉ dynastie, 28 ans.
1309	3345	Pandion, 8ᵉ roi d'Athènes, 25 ans.
1308	3346	Baletores, roi d'Assyrie, 18 ans.
1306	3348	Sacrifices humains sous Pandion II, suivant les marbres de Paros.
1304	3350	Amphion règne à Thèbes, en Béotie.
1298	3356	Pelops, fils de Tantale, fait la guerre à Ilus.
1295	3359	Pieus, ou le Jupiter des Latins, 37 ans.
1294	3360	Ramsès XII, roi d'Egypte, 20ᵉ dynastie, 32 ans.
1290	3364	Atossa (Sémiramis II), 12 ans.
1283	3371	Egée, roi d'Athènes, 48 ans.

HISTOIRE SACRÉE

un libérateur qui le retire de la captivité des Madianites ; ce fut Gédéon, 4ᵉ juge, qui, avec 300 hommes seulement, défait les Madianites. Gédéon gouverne ensuite 40 ans.

ANNÉES	
avant l'ère vulgaire.	du monde.
1231	3423
1228	3426
1206	3448
1185	3469

1231 / 3423 — Après la mort de Gédéon, les Israélites adorent le faux Dieu Baal, et les Sichémites mettent Abimelech, fils naturel de Gédéon, en possession du gouvernement. Il tue ses frères, mais le plus jeune nommé Joatham évite la mort en se cachant. Abimelech règne 3 ans tyranniquement ; il est méprisé par les Sichémites qui l'avaient d'abord porté au pouvoir.

1228 / 3426 — Abimelech est blessé d'un coup de pierre qu'une femme lui jeta du haut d'une tour qu'il assiégeait, et il est achevé par son écuyer. Après sa mort, Thola, de la tribu d'Issachar, est établi 5ᵉ juge d'Israël, et gouverne pendant 23 ans. Sous ce juge arrive l'histoire de Ruth.

1206 / 3448 — A Thola succède Jaïr qui est nommé 6ᵉ juge sur Israël, et qui gouverne 22 ans.

1185 / 3469 — Les Israélites retombent dans leur idolâtrie, et Dieu les en punit par la 5ᵉ servitude qu'ils souffrirent pendant 18 ans, sous les Philistins et les Ammonites.

HISTOIRE PROFANE

ANNÉES		
avant l'ère vulgaire.	du monde.	
1278	3376	Lamprides, roi d'Assyrie, 30 ans.
1270	3384	Assassinat d'Androgée, fils de Minos, commis par Egée, roi d'Athènes ; famine à Athènes.
1269	3385	Première colonie qui passe d'Italie en Sicile.
1265	3389	Tsou-Keng, 40° empereur de Chine, 7 ans.
1264	3390	Seconde colonie de Liguriens qui passe d'Italie en Sicile, sous la conduite de Siculus ; la Sicile se nommait alors Trinacrie.
1262	3392	Les grands-prêtres (Egypte) se déclarent rois, 77 ans.
1258	3396	Tsou-Kia, 41° empereur de Chine, 33 ans.
1258	3396	Faunus ou Mercure Albanus, règne 44 ans sur les Latins.
1248	3406	Sosarès, roi d'Assyrie, 20 ans.
1244	3410	Une colonie d'Arcadiens vient en Italie, sous la conduite d'Evander. Padoue est bâtie.
1242	3412	Orphée, philosophe et musicien.
1236	3418	Thésée commence à régner à Athènes.

HISTOIRE SACRÉE

ANNÉES	
avant l'ère vulgaire.	du monde.
1185	3469

Les Israélites recouvrent leur liberté par Jephté, qui est établi leur 7ᵉ juge.

Jephté est célèbre par la victoire qu'il remporta sur les Ammonites et par le vœu qu'il fit avant de marcher contre eux. Il dit, suivant le texte hébreu : « Si le Seigneur livre les Ammonites entre mes mains, la première personne qui se présentera sera au Seigneur et je l'offrirai en holocauste. »

A son retour, sa fille parut la première ; il déchira ses vêtements et déplora ses malheurs.

Les commentateurs sont partagés sur ce point : Jephté a-t-il obéi, à son insu, à l'influence des idées phéniciennes sur les mérites des sacrifices humains, et a-t-il fait le vœu impie et sacrilège d'immoler son enfant ; ou bien, comme on peut l'interpréter sur le texte hébreu qui a deux sens différents, Jephté a-t-il voulu seulement la consacrer au Seigneur ? Il y avait certainement, chez les Israélites, des femmes attachées au service du Tabernacle ; elles étaient considérées comme esclaves, puisque c'était le sort des prisonnières de guerre : alors Jephté était profondément affligé que sa fille fût condamnée à une pareille peine.

Les sacrifices humains étaient absolument défen-

HISTOIRE PROFANE

ANNÉES		
avant l'ère vulgaire.	du monde.	
1234	3420	Première fondation de Carthage par les Tyriens qui bâtissent Byrsa ou la citadelle.
1234	3420	La nouvelle Tyr est bâtie 231 ans avant le Temple de Salomon.
1228	3426	Lampraès, roi d'Assyrie, 30 ans.
1225	3429	Lin-Sin, 42ᵉ empereur de Chine, 6 ans.
1224	3430	Guerre des sept capitaines grecs contre la ville de Thèbes.
1219	3435	King-Ting, 43ᵉ empereur de Chine, 21 ans.
1216	3438	Expédition des Argonautes, sous la conduite de Jason.
1210	3444	Thésée donne une nouvelle forme au gouvernement d'Athènes.
1210	3444	Guerre des Amazones qui pénètrent jusque dans la Grèce.
1206	3448	Menesthée, roi d'Athènes, 23 ans.
1204	3450	Enlèvement d'Hélène par Alexandre Pâris, 20 ans avant la prise de Troie.
1198	3456	Vou-Y, 44ᵉ empereur de Chine, 4 ans.

HISTOIRE SACRÉE
—

dus aux Juifs : « Gardez-vous, leur dit Moïse, d'imiter les nations qui vous environnent ; elles ont fait pour leurs dieux des abominations que le Seigneur a en horreur ; elles ont offert leurs fils et leurs filles et les ont consumés par le feu ; faites seulement ce que je vous ordonne ; n'y ajoutez ni retranchez rien ; le Seigneur exige de vous de pratiquer la justice et la miséricorde, et de vous souvenir dans toutes vos pensées et vos actes de la présence de Dieu. »

ANNÉES	
avant l'ère vulgaire.	du monde.
1180	3474
1173	3481
1163	3491
1156	3498
1156	3498
1155	3499
1137	3517

1180 — 3474 — Abesan de Bethléem est fait 8ᵉ juge en la place de Jephté, et gouverne Israël pendant 7 ans.

1173 — 3481 — Eslon Abilon ou Aihalon, 9ᵉ juge, gouverne 10 ans.

1163 — 3491 — Abdon devient le 10ᵉ juge des Israélites pendant 8 ans.

1156 — 3498 — Les Israélites retombent dans leur idolâtrie ordinaire, et Dieu les soumet, sous les Philistins, à une sixième servitude qui dura 40 ans.

1156 — 3498 — Naissance de Samson. Héli, grand-prêtre, est établi 11ᵉ juge et gouverne 40 ans.

1155 — 3499 — Naissance de Samuel.

1137 — 3517 — Les Israélites sont battus par les Philistins ; l'Arche

HISTOIRE PROFANE

ANNÉES		
avant l'ère vulgaire.	du monde.	
1198	3456	Panyas, roi d'Assyrie, 45 ans.
1194	3460	Tay-Ting, 45ᵉ empereur de Chine, 3 ans.
1194	3460	Commencement de la guerre de Troie.
1191	3463	Ty-Y, 46ᵉ empereur de Chine, 37 ans.
1190	3464	Agamemnon, roi de Lacédémone, 12 ans.
1185	3469	Ramsès XIII, roi d'Egypte, 20ᵉ dynastie, 3 ans.
1184	3470	Prise et destruction de la ville de Troie après 10 ans de siége.
1183	3471	Enée quitte Troie pour la Sicile.
1182	3472	Enée arrive en Italie avec 22 vaisseaux et 600 hommes. Le roi Latinus lui demande du secours contre les Ardeates avec lesquels il était en guerre, et Latinus lui accorde un terrain pour bâtir une ville qu'il appelle Lavinium, du nom de sa femme Lavinia, fille de Latinus.
1182	3472	Demophon, fils de Thésée, règne à Athènes.
1182	3472	Troubles (trône occupé par les grands-prêtres d'Egypte).

HISTOIRE SACRÉE

ANNÉES	
avant l'ère vulgaire.	du monde.
1136	3518
1116	3538
1116	3538
1095	3559
1094	3560

est prise ; septième servitude qui dure 20 ans, pendant laquelle Samson défend Israël.

Samson brûle les moissons des Philistins et en tue un grand nombre ; ensuite il enlève les portes de Gaza et les transporte sur une montagne. Il se laisse vaincre par sa passion pour Dalila ; il est livré aux Philistins dont il est le jouet ; il en écrase 3000 par la chute d'un bâtiment et y périt lui-même.

Samuel, âgé de 40 ans, défait les Philistins.

Architob, neveu d'Héli, nommé grand-prêtre.

Acchia, fils d'Architob, grand-prêtre, exerce 26 ans.

Vingt ans s'étaient écoulés depuis le retour de l'Arche, et Israël gémissait sous la dure oppression des Philistins : Samuel réunit les Israélites dans un mouvement national et religieux ; il parcourut les villes et exhorta les populations à chasser du milieu d'eux les divinités étrangères, Baal et Astaroth ; le peuple entier confessa ses erreurs, et, reconnaissant envers Samuel, le choisit pour juge.

Cependant les Philistins, alarmés par cette grande

HISTOIRE PROFANE

ANNÉES avant l'ère vulgaire.	ANNÉES du monde.	
1181	3473	Oreste, fils d'Agamemnon, est absous par l'aéropage, de la mort de sa mère.
1179	3475	Enée succède à Latinus et règne 7 ans.
1178	3476	Egyste, roi de Lacédémone, 23 ans.
1177	3477	Tencer bâtit Salamine, en Chypre.
1174	3480	Dix ans après la ruine de Troie, fondation de Lavinium par Enée.
1173	3481	Hercule est mis au rang des dieux.
1165	3489	Ascagne, roi d'Albe, 8 ans.
1164	3490	Tisamène règne à Mycènes et à Argos, du consentement de son père Oreste, et ce dernier règne à Lacédémone.
1154	3500	Cheou-Sin-Chun, 47e empereur de Chine, 32 ans.
1153	3501	Sosarmes, roi d'Assyrie, 22 ans.
1149	3505	Oxyntes ou Zynthis, roi d'Athènes, 12 ans.
1131	3523	Mythreus, roi d'Assyrie, 27 ans.
1128	3526	Melanthus, roi d'Athènes, 37 ans.
1124	3530	Les Béotiens quittent la Thessalie et se rendent

HISTOIRE SACRÉE

ANNÉES	
avant l'ère vulgaire.	du monde.
1094	3560

réunion d'hommes, crurent pouvoir surprendre les Hébreux dans leurs cérémonies religieuses ; Samuel offrit un sacrifice au Seigneur, et il n'était pas achevé que déjà les ennemis étaient en fuite ; on les poursuivit et on les força de rendre les villes qu'ils avaient prises.

Le pays fut ainsi délivré d'un joug honteux ; on vit renaître les anciennes coutumes et remettre en honneur la loi Mosaïque ; c'est dans ce but qu'il institua dans plusieurs villes des écoles de prophètes, d'orateurs et de poètes qui étudiaient sous sa direction les règles de la poésie, de la musique et des traditions, pour se répandre ensuite dans le peuple et nourrir de leur langage inspiré sa foi religieuse et son zèle.

Ces prophètes étaient appelés à des missions importantes ; ils furent au nombre de seize : quatre grands prophètes : Isaïe, Jérémie, Ezéchiel, Daniel ; et douze petits prophètes : Osée, Joel, Amos, Abdias, Michée, Jonas, Nahum, Abacuc, Sephonie, Aggée, Zacharie et Malachie.

Les Israélites, mécontents de n'avoir pas de rois comme les autres nations, en demandèrent un à Dieu

HISTOIRE PROFANE

ANNÉES avant l'ère vulgaire.	ANNÉES du monde.	
		dans la Cadmée, à laquelle ils donnent le nom de Béotie, 60 ans après la prise de Troie.
1123	3531	Les Amazones brûlent le temple d'Ephèse.
1122	3532	Vou-Vang, 48e empereur de Chine, 6 ans.
1121	3533	Simendès, roi d'Egypte, 21e dynastie, 26 ans
1115	3539	Tching-Wang, 49e empereur de Chine, 37 ans.
1104	3550	Tantamès, roi d'Assyrie, 32 ans.
1104	3550	Les Doriens occupent le Péloponèse 80 ans après la prise de Troie.
1104	3550	Les Héraclides entrent dans le Péloponèse et y établissent divers royaumes, 80 ans après la prise de Troie. Aristodème, l'un des Héraclides ou descendants d'Hercule, établit le nouveau royaume de Lacédémone et règne 4 ans.
1100	3554	Eurysthènes et Proclès, fils posthumes d'Aristodèmes, deviennent en même temps rois de Lacédémone; le seul royaume qui ait eu deux rois en même temps.
1095	3559	Pousennès Ier, roi d'Egypte, 21e dynastie, 41 ans.
1078	3576	Kang-Vang, 50e empereur de Chine, 26 ans.

HISTOIRE SACRÉE

ANNÉES avant l'ère vulgaire.	ANNÉES du monde.	
		qui ordonna à Samuel de choisir Saül, dont le règne fut de 20 ans.
1073	3581	Les Amalécites sont défaits, et Saül, pour avoir désobéi à Dieu, est repoussé ; David est élu et consacré roi à l'âge de 16 ans.
1073	5581	David terrasse Goliath.
1069	3585	Achimelec, fils d'Architob, grand-prêtre, exerce 9 ans.
1060	3594	Abiatar, fils d'Acchia, grand-prêtre, pendant 45 ans.
1057	3597	Mort de Samuel, deux ans avant celle de Saül.
1055	3599	Mort de Saül ; David, âgé de 30 ans, règne en Hébron 7 ans et demi. Isboseth règne en même temps sur une partie d'Israël pendant 7 ans.
1052	3602	Isboseth est tué ; David punit les meurtriers et règne seul sur toutes les tribus.
1051	3603	David assiége et prend le château de Sion qui était la citadelle de Jérusalem.
1050	3604	David défait les Philistins et les Moabites.

HISTOIRE PROFANE

ANNÉES		
avant l'ère vulgaire.	du monde.	
1074	3580	Le royaume de Corinthe commence par Aletès, de la race des Héraclides, qui règne 35 ans.
1072	3582	Teuteus, roi d'Assyrie, 44 ans.
1070	3584	Codrus, devenu roi d'Athènes, se sacrifie pour le salut de la patrie dans la guerre que les Héraclides font aux Athéniens. Medon, fils aîné de Codrus, est fait premier archonte perpétuel d'Athènes ; il garde cette dignité pendant 20 ans.
1063	3591	Nelée usurpe la souveraine autorité l'an 7 de Medon, et la garde 13 ans. On commence à bâtir des villes dans l'île de Lesbos, 130 ans après le commencement de la guerre de Troie.
1054	3600	Nefcrchères, roi d'Egypte, 21ᵉ dynastie, 4 ans.
1052	3602	Tchao-Vang, 51ᵉ empereur de Chine, 51 ans.
1051	3603	Nelée, sur l'avis de l'oracle, quitte la dignité d'archonte qu'il remet à son frère Medon, passe dans l'Asie où il mène une colonie d'Ioniens et y fonde douze villes, entre autres celle de Milet ; ces villes formèrent une ligue ou association pour leur défense mutuelle.

HISTOIRE SACRÉE

ANNÉES avant l'ère vulgaire.	ANNÉES du monde.	
1045	3609	David défait les Syriens, les Iduméens et les Ammonites.
1045	3609	David fait porter l'Arche du Seigneur sur le Mont de Sion, l'an 11 de son règne.
1033	3621	Naissance de Salomon.
1033	3621	Absalon se révolte contre David, son père.
1026	3628	Hiram, roi de Tyr, envoie des ambassadeurs à David.
1015	3639	Mort de David à 70 ans, après un règne de 40 ans ; Salomon règne.
1015	3639	Sadoc, race d'Eléazar, grand-prêtre, pendant 4 ans.
1015	3639	Salomon commence à bâtir un temple au Seigneur.
1011	3643	Les fondations du Temple sont achevées.
996	3658	Salomon équipe une flotte sur la mer Rouge pour envoyer à Ophir, aux mines d'or.
983	3671	Salomon quitte le culte du vrai Dieu.
982	3672	Salomon se convertit et fait le livre de l'Ecclésiaste.

HISTOIRE PROFANE

ANNÉES		
avant l'ère vulgaire.	du monde.	
		Hippoclès et Mégasthènes bâtissent la ville de Cumes.
1050	3604	Acastus II gouverne Athènes 36 ans.
1050	3604	Amenophtis, roi d'Egypte, 21ᵉ dynastie, 9 ans.
1047	3607	Alba, roi d'Albe, 51 ans.
1041	3613	Osorchon, roi d'Egypte, 21ᵉ dynastie, 6 ans.
1035	3619	Psinachès, roi d'Egypte, 21ᵉ dynastie, 9 ans.
1028	3626	Arabelus, roi d'Assyrie, 42 ans.
1026	3628	Psusennès II, roi d'Egypte, 21ᵉ dynastie, 35 ans.
1025	3629	La ville de Smyrne, en Asie, est fondée par les habitants de Cumes, et dans le même temps on bâtit beaucoup d'autres villes en Asie.
1020	3634	Abibal, roi de Tyr ; son règne dure 19 ans.
1014	3640	Archippus III (Athènes) gouverne 19 ans.
1001	3653	Hiram règne à Tyr pendant 34 ans.
1001	3653	Mou-Vang, 52ᵉ empereur de Chine, 55 ans.
998	3656	Agelas, roi de Corinthe, de la race des Héraclides, commence à régner et gouverne 37 ans.

HISTOIRE SACRÉE

ANNÉES		
avant l'ère vulgaire.	du monde.	
975	3679	Mort de Salomon, la 40ᵉ année de son règne et à l'âge de 58 ans. A la mort de Salomon, le royaume est partagé en deux, dont l'un qui continue dans la postérité de David, se nomme royaume de Juda, et celui d'Israël pour les autres tribus.
975	3679	Roboam, fils de Salomon et de Naama Ammonite, commence son règne qui dure 17 ans. Au commencement de son règne, les peuples fatigués par les fortes impositions que Salomon avait mises, lui demandent du soulagement, qu'il refuse, ce qui occasionne la révolte de deux tribus, qui sont celles de Juda et de Benjamin.
975	3679	Jéroboam, fils de Naboth, s'empare du royaume d'Iraël et fait adorer le veau d'or à la manière des Egyptiens. Il règne près de 22 ans.
975	3679	Altération de la religion dans la tribu de Juda.
971	3683	Sesac, roi d'Egypte, fait une invasion dans le royaume de Juda.
958	3696	Roboam meurt et a pour successeur Abia qui règne 3 ans.

HISTOIRE PROFANE

ANNÉES avant l'ère vulgaire.	ANNÉES du monde.	
997	3657	Labootas, l'un des rois de Lacédémone, de la race des Héraclides, règne 37 ans.
996	3658	Pritanis, roi de Lacédémone, de la race des Héraclides, règne 35 ans.
995	3659	Thersippe, archonte perpétuel d'Athènes.
991	3663	Sesac Sesonchis, roi d'Egypte, 22ᵉ dynastie, 23 ans.
986	3668	Chalaus, roi d'Assyrie, 45 ans.
982	3672	Capys, roi d'Albe, 26 ans,
968	3686	Osorchon, roi d'Egypte, 22ᵉ dynastie, 15 ans.
967	3687	Baleasar ou Baleastarte, fils d'Hiram, roi de Tyr, succède à son père et règne 7 ans.
966	3688	Phorbas, 5ᵉ archonte perpétuel d'Athènes, commence cette année et gouverne 31 ans.
961	3693	Prymnès, roi de Corinthe, règne 25 ans. La même année les rois de Lacédémone, Dorissus et Eunomus, commencent à régner ; leur histoire est fort obscure.
960	3694	Abdastarte succède à son père Baleasar à Tyr.
954	3700	Capetus, roi d'Albe, 28 ans.
953	3701	Pe-Hor, roi d'Egypte, 22ᵉ dynastie, 6 ans.

HISTOIRE SACRÉE

ANNÉES	
avant l'ère vulgaire.	du monde.
955	3699
953	3701
951	3703
928	3726
926	3728
922	3732

955 — 3699 — Abia étant mort, Asa, l'un des douze enfants d'Abia, monta sur le trône de Juda. Il retourna au culte du vrai Dieu et brûla les idoles que sa mère Maaca avait fait faire. Dieu lui accorda 41 ans de règne.

953 — 3701 — Jéroboam fait régner avec lui son fils Nadab et meurt la même année, peu de temps après avoir mis son fils sur le trône. Nadab ne régna pas en tout deux années, et fut tué par un de ses généraux nommé Baasa, qui se saisit du royaume d'Israël.

951 — 3703 — Baasa règne 24 ans et est battu, au commencement de son règne, par Asa qu'il avait attaqué imprudemment.

928 — 3726 — Le règne de Baasa sur Israël étant fini, il eut pour successeur son fils Ela ; mais il ne resta pas deux ans sur le trône.

926 — 3728 — Zamri, qui avait tué Ela, roi d'Israël, ne jouit que sept jours de la souveraine autorité ; il fut tué par Amri, qui s'empara du trône d'Israël et régna 12 ans; mais il ne posséda pas seul ce royaume, Tebui en usurpa une partie.

922 — 3732 — Amri laissa le trône d'Israël à un fils qui est devenu célèbre dans l'histoire sainte par ses impiétés : c'est

HISTOIRE PROFANE

ANNÉES		
avant l'ère vulgaire.	du monde.	
950	3704	Une révolution arrivée à Tyr place sur le trône l'un des fils de la nourrice d'Abdastarte, roi de cette ville, et il y règne 12 ans.
947	3707	Osorchon II, roi d'Egypte, 22ᵉ dynastie, 22 ans.
946	3708	Kong-Vang, 53ᵉ empereur de Chine, 12 ans.
941	3713	Anchus, roi d'Assyrie, 38 ans.
939	3715	Astarte, fils de Baleazar, remonte sur le trône de ses pères et commence à régner chez les Tyriens ; son règne dure 12 ans.
936	3713	Mégaclès, 6ᵉ archonte perpétuel d'Athènes, gouverne 28 ans.
934	3720	Y-Vang, 54ᵉ empereur de Chine, 25 ans.
932	3722	Agesilas, fils de Dorissus, de la famille des Euristénides et l'un des rois de Sparte en Lacédémone, règne 45 ans ; régnait aussi à Lacédémone, Eunomus, de la famille des Proclides. Cet Eunomus fut père de Lycurgue, si célèbre dans l'histoire grecque.
927	3727	Aserimus, roi de Tyr, succède à son frère Astarte et règne 9 ans.
925	3729	Sesonchis II, roi d'Egypte, 22ᵉ dynastie, 5 ans.

HISTOIRE SACRÉE

ANNÉES	
avant l'ère vulgaire.	du monde.
914	3740
914	3740
912	3742
905	3749
904	3750
902	3752

Achab, qui fut secondé dans ses égarements par son épouse l'impie Jezabel.

Achab, roi d'Israël, règne 22 ans.

Le royaume de Juda perdit Asa la 41ᵉ année de son règne, lequel laissa pour successeur son fils Josaphat, âgé de 35 ans, qui fit renaître la piété de David et qui régna 25 ans.

Désirant que ses sujets retournent au culte du vrai Dieu, il envoie des docteurs pour instruire le peuple des provinces, et pendant son règne qui fut de 25 ans, il se fit respecter de ses voisins et redouter de ses ennemis.

Achab continuait dans son impiété et Dieu l'en punit par une sécheresse qui dura trois ans et demi, et même par une famine qui en fut la suite et que le prophète lui prédit. La première année, Elie entra dans le désert.

Et l'année suivante il se retira chez une pieuse veuve de Sarepta.

Elie, après avoir demeuré près de 3 ans à Sarepta, se rend auprès d'Achab pour l'engager à reconnaître

HISTOIRE PROFANE

ANNÉES avant l'ère vulgaire.	du monde.	
921	3733	Calpetus commence à régner sur les Latins et son règne dure 13 ans.
920	3734	Tachelot Ier, roi d'Egypte, 22e dynastie, 13 ans.
919	3735	Le poète Hésiode écrit ses ouvrages.
918	3736	Ascrimus, roi de Tyr, est tué par son frère Phélès qui se saisit du trône.
917	3737	Phélès ne jouit pas longtemps du fruit de son crime, il fut tué par Ithobal, prêtre de la déesse Astarté, qui monta sur le trône et régna 32 ans. Cet Ithobal ou Eth-Bal fut père de l'impie Jezabel, épouse d'Achab, roi d'Israël.
915	3739	Agrippa, roi d'Albe, 8 ans.
913	3741	Bacchis, fils de Prymnés, règne à Corinthe pendant 35 ans.
909	3745	Hiao-Tang, 55e empereur de Chine, 15 ans.
908	3746	Diognétus (Athènes), gouverne 28 ans.
908	3746	Tibérinus succède à Calpetus dans le royaume des Latins.
907	3747	Sesonchis III, roi d'Egypte, 22e dynastie, 51 ans.

HISTOIRE SACRÉE

ANNÉES avant l'ère vulgaire.	ANNÉES du monde.	
		la puissance du vrai Dieu. L'impie Jezabel, femme d'Achab, menaça Elie de toute sa colère ; Elie rentra dans le désert.
902	3752	Il y avait déjà 3 ans que durait la sécheresse et la famine, lorsque Benadab, roi de Syrie, vint avec ses vassaux assiéger Samarie, capitale du royaume d'Israël.
900	3754	Après 3 années de paix, Achab se vit obligé d'attaquer Benadab, roi de Syrie, qui refusait de lui rendre les villes du royaume d'Israël qu'il avait promis de lui remettre : Achab s'associa Josaphat, roi de Juda ; ils allèrent attaquer Benadab.
893	3761	Une flèche alla percer Achab et le fit mourir.
893	3761	Ochosias, fils d'Achab, lui succéda au royaume d'Israël, ne régna pas 2 ans, et fut aussi impie que son père.
893	3761	Josaphat, roi de Juda, se voyant attaqué par les Moabites et les Ammonites, se prépara d'abord à la guerre par des actes de piété, et Dieu le rendit victorieux. Mais voulant, à l'exemple de Salomon, envoyer une flotte à Ophir, elle échoua par punition divine,

HISTOIRE PROFANE

ANNÉES		
avant l'ère vulgaire.	du monde.	
903	3751	Babius, roi d'Assyrie, 37 ans.
901	3753	Lycurgue qui, depuis, a été le législateur des Lacédémoniens, est né cette année, c'est-à-dire 125 ans avant la 1re olympiade.
894	3760	Y-Vang, 56e empereur de Chine, 16 ans.
891	3763	Les Rhodiens commencent alors à se rendre puissants sur la mer. C'est des Rhodiens que nous viennent les premières lois de la navigation.
888	3766	Archelaus, fils d'Agésilaus, l'un des rois de Lacédémone, commence cette année et règne 60 ans.
885	3769	Badesor, fils d'Ithobal et frère de Jezabel, commence à régner à Tyr; son règne ne fut que de 6 ans.
884	3770	Homère, poète grec, écrivait.
884	3770	Lycurgue, législateur grec.
879	3775	Badezor, roi de Tyr, étant mort après un règne de 6 ans, laissa pour successeur son fils Margénus, qui en régna 9.

HISTOIRE SACRÉE

ANNÉES	
avant l'ère vulgaire.	du monde.
891	3763
889	3765
888	3766
885	3769
881	3773

parce que le pieux Josaphat s'était allié avec l'impie Ochosias, roi d'Israël.

Ochosias fit une chute considérable, se blessa, et Dieu lui fit prédire par Elie qu'il n'en relèverait pas. Ochosias mourut, laissant le trône d'Israël à son frère Joram qui régna 12 ans, et ne fut pas plus religieux que son père et son frère.

Josaphat associe son fils Joram au trône de Juda.

Il mourut l'année suivante ; ainsi Joram régna seul pendant 8 ans ; mais il eut la cruauté de faire mourir tous ses frères. Il se livra aux impiétés d'Achab, roi d'Israël, dont il avait épousé la fille, Athalie.

Dieu, pour punir Joram, roi de Juda, permet que les Philistins et les Arabes entrent dans la Judée, la pillent, emmènent en captivité toute la famille de Joram, et même tuent ses enfants, à l'exception du seul Ochosias.

Joram, communique la souveraine puissance à son fils Ochosias qui règne un an avec son père. Elizée va à Damas où Benadab, roi de Syrie, le fait consulter sur sa maladie par Hazaël ; mais ce dernier revient

HISTOIRE PROFANE

ANNÉES	
avant l'ère vulgaire.	du monde.
878	3776
878	3776
873	3781
870	3784
869	3785
869	3785
868	3786

878 — 3776. Bacchis, roi de Corinthe, étant mort après un règne de 35 ans, eut pour successeur Agelastes, qui en régna 30.

878 — 3776. Li-Vang, 57ᵉ empereur de Chine, 51 ans.

873 — 3781. Polydecte, roi de Lacédémone, ayant à peine régné 9 ans, mourut sans laisser d'héritier. Lycurgue, fils d'Ennomus, succéda et ne régna que 8 mois; il fit déclarer roi Charilaus.

870 — 3784. La ville de Tyr vit monter sur le trône le célèbre Pigmalion, frère de Didon, dont le règne fut de 47 ans.

869 — 3785. Phidon, tyran d'Argos, invente les poids et les mesures, et il est le premier des Grecs qui fit battre monnaie dans l'île d'Egine.

869 — 3785. La vertu et l'action héroïque de Lycurgue lui suscitèrent des ennemis; ils assurèrent que Lycurgue attentait à la vie du roi. Ce sage prince, fatigué par tant de fausses imputations, prit le parti de voyager.

868 — 3786. Phéréclès (Athènes) gouverne 19 ans.

HISTOIRE SACRÉE

ANNÉES avant l'ère vulgaire.	ANNÉES du monde.	
		vers le roi qu'il met à mort et monte sur le trône de Syrie.
881	3773	Joram, roi de Juda, mourut et Ochosias règne seul ; dans la même année il fut tué par Jehu qui fit aussi mourir Joram, roi d'Israël, et s'empara du royaume de ce dernier qu'il posséda 28 ans ; Il fit même mourir Jezabel, veuve d'Achab. Jehu fit pareillement périr toute la postérité d'Achab.
880	3774	Athalie, mère d'Ochosias, usurpe le trône de Juda où elle règne 6 ans et y exerce toutes les impiétés et les cruautés de son père Achab et de sa mère Jezabel; pour se maintenir dans son usurpation, elle fait périr tous les descendants de David. Le seul Joas, fils d'Ochosias, échappa par la prudence du grand-prêtre Joïada.
880	3774	Joël, prophète.
880	3774	Jehu, roi d'Israël, règne 28 ans.
879	3775	Hazaël, usurpateur du trône de Syrie, reprend la ville de Ramoth-Galaad et se rend maître de tout ce que les Israélites possédaient au-delà du Jourdain.
874	3780	Les impiétés d'Athalie, portées au dernier excès, finirent par sa mort. Joas fut mis sur le trône par

HISTOIRE PROFANE

ANNÉES		
avant l'ère vulgaire.	du monde.	
866	3788	Thinée, roi d'Assyrie, 30 ans.
863	3791	Didon, sœur de Pigmalion roi de Tyr, quitte cette ville et se retire en Afrique où elle augmente Carthage d'une nouvelle ville.
860	3794	Lycurgue, après avoir voyagé pendant dix ans dans l'île de Crète, l'Ionie et même en Egypte, revient à Lacédémone et prend la tutelle du roi Charilaus. Ce fut alors qu'ayant connu les mœurs des différents peuples, il donna aux Lacédémoniens ces lois sévères qui ont fait autrefois l'admiration de toute la Grèce.
859	3795	Ariphron (Athènes) gouverne 31 ans.
856	3798	Pachi, roi d'Egypte, 22ᵉ dynastie, 1 an.
855	3799	Sesonchis IV, roi d'Egypte, 22ᵉ dynastie, 36 ans.
850	3804	Hermogène, écrivain grec.
850	3804	Débutadès, sculpteur grec.
847	3807	Lycurgue ayant obligé les Lacédémoniens à observer des lois sévères, devint l'horreur du peuple ; il s'exila donc lui-même et mourut dans l'île de Crète ;

HISTOIRE SACRÉE

ANNÉES	
avant l'ère vulgaire.	du monde.
852	3802
852	3802
835	3819
835	3819

l'autorité du grand-prêtre, et le posséda 40 ans. Joas fut un prince sage tant qu'il se conduisit par les conseils de Joïada.

Jéhu mourut après 28 ans de règne et laissa, pour successeur, son fils Joachaz qui posséda 17 ans le royaume d'Israël et renouvela toutes les impiétés de Jéroboam.

Cette année mourut le grand-prêtre Joïada, à l'âge de 130 ans ; mais à peine fut-il mort que la maison de Juda se jeta dans l'idolâtrie, et Joas ne pouvant supporter les sages remontrances du grand-prêtre Zacharie, fils de Joïada, le fit lapider dans le Temple même.

Joas, fils de Joachaz, roi d'Israël, commence son règne qui dure 15 ans ; il avait déjà régné un an avec son père.

Joas, roi de Juda, à la 39ᵉ année de son règne, associe au trône son fils Amazias qui régna près de 3 ans avec son père. Ce fut vers ce temps-là qu'il fit lapider le grand-prêtre Zacharie, qui l'avait repris de son idolâtrie.

HISTOIRE PROFANE

ANNÉES avant l'ère vulgaire.	ANNÉES du monde.	
		il ordonna de jeter ses os dans la mer. Après sa mort on lui éleva des temples.
845	3809	Eudemus succède au roi Agélastes sur le trône des Corinthiens et gouverne 35 ans.
840	3814	Phéron, législateur à Corinthe.
836	3818	Dercillus, roi d'Assyrie, 40 ans.
833	3821	Thespicus (Athènes) gouverne 27 ans.
829	3825	Phidon, tyran d'Argos, voulant dominer toute la Grèce, est chassé par les peuples d'Elide et par les Lacédémoniens.
827	3827	Suen-Vang, 58ᵉ empereur de Chine, 46 ans.
823	3831	Polymestor, roi d'Arcadie, ayant défait les Lacédémoniens, prend dans l'action leur roi Charilaus; mais il eut la générosité de le renvoyer sans rançon.
819	3835	Aventinus, roi des Latins, est inhumé sur le mont Aventin.
819	3835	Petubastes, roi d'Egypte, 23ᵉ dynastie, 40 ans.

HISTOIRE SACRÉE

ANNÉES		
avant l'ère vulgaire.	du monde.	
834	3820	Joas étant mort, Amazias régna seul sur Juda pendant 29 ans.
830	3824	Quoique Joas, roi d'Israël, suivit les égarements de Jéroboam, il ne laissait pas de respecter le saint prophète Elizée, qu'il visita dans sa maladie. Elizée mourut après avoir prophétisé plus de 60 ans.
829	3825	Amazias, roi de Juda, lève une armée de cent mille hommes pour attaquer les Iduméens. Il les congédie depuis sur la remontrance d'un prophète, mais il tombe ensuite dans l'idolâtrie.
827	3827	Amazias est vaincu par Joas, roi d'Israël, qu'il attaqua imprudemment. Jérusalem est prise et le Temple pillé.
825	3829	Osée, prophète ; Jonas, prophète.
820	3834	Jéroboam II, fils de Joas, monte sur le trône d'Israël qu'il garde 41 ans.
805	3849	Amazias, roi de Juda, est tué. Une espèce d'interrègne de 11 ans pendant l'extrême jeunesse d'Ozias, se confond dans son règne total de 53 ans. Freret prétend qu'il y a une erreur de 10 ans dans le Livre des Rois qui porte 38 ans depuis le com-

HISTOIRE PROFANE

ANNÉES avant l'ère vulgaire.	ANNÉES du monde.	
796	3858	Empachnès, roi d'Assyrie, 38 ans.
795	3859	Numitor devient roi des Latins et ne règne qu'un an ; il est détrôné par son frère Amilius qui gouverne 42 ans.
786	3868	Charilaus, roi de Lacédémone, oubliant les bienfaits de Polymestor, roi d'Arcadie, déclara la guerre aux habitants de Tegée, province du Péloponèse. Mais le courage des citoyens fut si grand, que les femmes même prirent les armes et défirent les Lacédémoniens.
786	3868	Téléclus, roi de Lacédémone, est tué par les Messéniens, dans le temple de Diane, à Limna, sur un différend entre les Lacédémoniens et les Messéniens. Téléclus eut pour successeur Alcamenès qui régna 37 ans.
784	3870	Charilaus laissa le royaume de Lacédémone à Nicandre qui gouverna 39 ans.
781	3873	Yeou-Vang, 59ᵉ empereur de Chine, 11 ans.
779	3875	Osorchon, roi d'Egypte, 23ᵉ dynastie, 8 ans.

HISTOIRE SACRÉE

mencement d'Ozias jusqu'à Zacharie ; mais Freret se trompe souvent. Ozias a commencé en 805 et Zacharie en 769-768. Il y a donc 38 ans d'intervalle et non pas 28. Les livres des détracteurs fourmillent de ces attaques contre la Chronologie de la Bible qu'ils veulent rendre impossible ou fautive.

ANNÉES		
avant l'ère vulgaire.	du monde.	
805	3849	Jonas prêche la pénitence à Ninive.
787	3867	Amos, prophète, père d'Isaïe, prophète.
780	3874	Après 41 ans, mort de Jéroboam II, roi d'Israël ; il y eut ensuite des troubles qui occasionnèrent une usurpation et un interrègne de 12 ans, causés par le bas âge de Zacharie, son fils.

HISTOIRE PROFANE

ANNÉES		
avant l'ère vulgaire.	du monde.	
779	3875	Eschyle règne à Athènes 20 ans.
776	3878	Capoue, ville célèbre de la Campanie, est bâtie.
776	3878	Simonide, écrivain grec.

A partir de 776 avant l'ère vulgaire où commencent les Olympiades, les époques prennent une fixité historique et chronologique qui permet de faire continuer les dates sur une seule suite : L'ère des Olympiades règle la Chronologie de l'histoire grecque et sert de contrôle pour les chiffres généraux de toutes les époques, des peuples et des faits.

TEMPS HISTORIQUES

ANNÉES	
avant l'ère vulgaire.	du monde.
776	3878

Les Jeux Olympiques étaient les plus brillantes fêtes de la Grèce ; ils avaient l'avantage d'entretenir l'union entre les peuples, et le patriotisme. Pindare dit dans un de ses poèmes : « Ne cherchez pas dans le ciel d'astre plus brillant que le soleil, ni parmi les jeux de la Grèce, rien de plus éclatant que nos jeux olympiques ! »

La fable dit qu'ils furent institués par Hercule en 1346 avant l'ère. Plusieurs fois interrompus, ils furent renouvelés par Pelops et encore abandonnés. En 884, Lycurgue et Iphitus rétablirent ces jeux, mais ils cessèrent d'être célébrés jusqu'en 776 où Corœbe fut vainqueur, et depuis cette époque, ils ne furent plus interrompus.

Commencement des Jeux Olympiques *vulgaires* qui duraient cinq jours consécutifs et où l'on se rendait de toutes les parties de la Grèce.

TEMPS HISTORIQUES

Le premier jour de ces jeux arriva à un temps qui représente le 19 juillet 776 avant l'ère vulgaire ; ils revenaient après quatre années révolues, et les vainqueurs étaient traités avec la plus grande magnificence.

ANNÉES avant l'ère vulgaire.	du monde.	
772	3882	Isaïe commence à prophétiser.
771	3883	Psammus, roi d'Egypte, 23ᵉ dynastie, 10 ans.
771	3883	Le philosophe scythe, Abaris, paraît.
770	3884	Ping-Vang, 60ᵉ empereur de Chine, 51 ans.
770	3884	Naissance de Romulus ; Théopompe, fils de Nicandre et petit-fils de Charilaus, règne à Lacédémone.
769	3885	Syracuse, en Sicile, est bâtie par Archias de Corinthe.
768	3886	Fin de Zacharie, tué par Sellum ; il a régné 6 mois.
767	3887	Thurimas, roi de Macédonie, règne 38 ans.
767	3887	Manahem tue Sellum et usurpe le trône d'Israël.
765	3889	Ludius, peintre grec.
761	3893	Zet Tnefactus, roi d'Egypte, 23ᵉ dynastie, 31 ans.
757	3897	Remalia Pekahia règne en Israël 2 ans.

TEMPS HISTORIQUES

ANNÉES		
avant l'ère vulgaire.	du monde.	
755	3899	Pekach, fils de Remalia, règne en Israël 20 ans.
761	3893	On rapporte à cette année le premier usage des galères à trois rangs de rameurs (rirèmes). Elles viennent des Corinthiens ; soit que ce fut une imitation de semblables vaisseaux des Tyriens ou des Egyptiens qu'ils auraient vus, soit qu'eux-mêmes les eussent inventés.
760	3894	On établit tous les ans cinq Ephores à Lacédémone, comme censeurs de la conduite des rois, et pour réprimer l'excès de l'autorité royale ; ce fut le roi Théopompe qui les établit.
758	3896	Laosthènes, roi d'Assyrie, 45 ans.
758	3896	Pul ou Phul, roi d'Assyrie, 17 ans.
758	3896	Belezis, roi de Babylone, 11 ans.
756	3898	Aloméon, 13ᵉ et dernier archonte perpétuel, gouverne 2 ans à Athènes.
754	3900	Cœnus succède à Caranus au royaume de Macédoine.
753	3901	Achilus XII (Athènes) gouverne 23 ans.

TEMPS HISTORIQUES

ANNÉES		
avant l'ère vulgaire.	du monde.	
753	3901	Fondation de Rome ; Romulus fut le 1er roi et régna 37 ans.
752	3902	Joatham, fils d'Ozias, est roi de Juda et règne 16 ans.
750	3904	Enlèvement des Sabines par les Romains.
750	3904	Naissance de Tobie, le père.
750	3904	Bazin, roi de Syrie, et Phacée, roi d'Israël, font la guerre au roi de Juda.
747	3907	Ère de Nabonassar, roi de Babylone ; il règne 4 ans.
746	3908	Le royaume de Corinthe est changé en république ; sa durée est de 90 ans, jusqu'à la tyrannie de Cypsèle.
741	3913	Téglatphalasar, roi d'Assyrie, 19 ans.
739	3915	Osée, fils d'Ela, ayant tué Phacée, usurpe la couronne d'Israël.
739	3915	Bolarchus, peintre grec.
738	3916	Romulus triomphe des Camerins, habitants de Camers, ville de l'Ombrie.
738	3916	Les Messéniens abandonnent leur ville et se retirent à Ithomène.

TEMPS HISTORIQUES

ANNÉES avant l'ère vulgaire.	ANNÉES du monde.	
738	3916	Clidicus gouverne Athènes.
737	3917	Candaules, 4ᵉ roi des Lydiens, règne 17 ans.
736	3918	Achas, roi de Juda, règne 16 ans.
733	3921	Nadius, roi de Babylone, 2 ans.
732	3922	Romulus triomphe des peuples de Veres.
731	3923	Chinsirus Porus, roi de Babylone, 5 ans.
730	3924	Bocchoris, roi d'Egypte, 24ᵉ dynastie, 6 ans.
730	3924	Combat des Lacédémoniens contre les Messéniens.
729	3925	Perdicas, 4ᵉ roi des Macédoniens, règne 48 ans.
727	3927	Hippomène gouverne à Athènes.
726	3928	Jugée, roi de Babylone, 5 ans.
724	3930	Sabacon, roi d'Egypte, 25ᵉ dynastie, 8 ans. C'est le même que Sua, le Magnifique.
724	3930	Aristodème se tue proche du tombeau de sa fille, après 6 ans de règne.
723	3931	La 1ʳᵉ année de la 14ᵉ Olympiade, la 20ᵉ de la guerre des Messéniens, la ville d'Ithome est abandonnée et ruinée par les Lacédémoniens.

TEMPS HISTORIQUES

ANNÉES		
avant l'ère vulgaire.	du monde.	
722	3932	Salmanazar, roi d'Assyrie, assemble une armée contre Osée, roi d'Israël, et commence à assiéger Samarie.
721	3933	Mardocempad, roi de Babylone, 12 ans.
720	3934	Ezéchias, 10ᵉ roi de Juda, 28 ans.
719	3935	Houan-Vang, 61ᵉ empereur de Chine, 23 ans.
718	3936	Salmanazar prend et détruit Samarie, emmène les Juifs en captivité. Tobie fut du nombre des captifs.
717	3937	Léocrates gouverne Athènes.
716	3938	Romulus est tué dans sa 55ᵉ année.
716	3938	Sebicos, roi d'Egypte, 25ᵉ dynastie, 14 ans.
716	3938	Abdias, prophète; Nahum, prophète.
716	3938	On croyait que le Pythagore, vainqueur des jeux olympiens, était le même que le philosophe; Dodwel a combattu et détruit cette opinion.
715	3939	Isaïe, prophète; Michée, prophète.
715	3939	Après un interrègne d'un an, Numa Pompilius est choisi roi des Romains; il régna 43 ans.

TEMPS HISTORIQUES

ANNÉES		
avant l'ère vulgaire.	du monde.	
713	3941	Merodach, roi de Babylone, envoie des députés à Ezéchias.
713	3941	Pyrtradès, roi de Babylone, 30 ans.
710	3944	Sennacherib, roi d'Assyrie, 5 ans.
709	3945	Numa établit les prêtres saliens. Déjocès, roi des Mèdes, règne 53 ans.
709	3945	Arkian, roi de Babylone, 7 ans.
707	3947	Apsandre gouverne Athènes. Les Parthéniens s'établissent à Tarente, ville d'Italie.
705	3949	Assaradon, fils de Sennacherib, roi d'Assyrie, 40 ans.
703	3951	Des Corinthiens fondent Corcyre, aujourd'hui Corfou.
702	3952	Belibus, roi de Babylone, 5 ans.
702	3952	Tarkos, roi d'Egypte, 25ᵉ dynastie, 28 ans.
700	3954	Archiloque, poète lyrique, né à Paros, en 700, écrivait en 664 ; mordant et emporté, il fit le tourment de ceux qu'il attaquait ; Lycambe qui lui avait promis sa fille, la lui refusa : il se déchaîna contre lui avec

ANNÉES		TEMPS HISTORIQUES
avant l'ère vulgaire.	du monde.	
		une telle violence, dans des vers qu'on lisait avec avidité, que Lycambe se pendit de désespoir. Les vers sanglants d'Archiloque le firent assassiner.
698	3956	Manassès, roi de Juda, succéda à son père Ezéchias; il fit mourir le prophète Isaïe et se rendit abominable par son idolâtrie et son impiété. Dieu le punit par la captivité qu'il lui fit subir par le roi d'Assyrie; il se repentit et Dieu lui pardonna. De retour à Jérusalem, il abattit les autels des idoles et fit refleurir la religion et la piété dans ses états. Il mourut en 643, à l'âge de 67 ans.
698	3956	Habacuc, prophète.
697	3957	Erixias, 7e et dernier archonte d'Athènes.
697	3957	Apronadius, roi de Babylone, règne 6 ans.
696	3958	Tchoang-Vang, 62e empereur de Chine, 15 ans.
691	3963	Fondation de la ville de Gela en Sicile.
690	3964	Messimordacus, roi de Babylone, 4 ans.
686	3968	Interrègne à Babylone, 8 ans. Il n'y eut que confusion et désordre dans cette longue anarchie qui amena l'extinction de la monarchie babylonienne.

TEMPS HISTORIQUES

ANNÉES avant l'ère vulgaire.	ANNÉES du monde.	
685	3969	Seconde guerre de Messénie et de Lacédémone.
683	3971	Ephracteus, roi d'Assyrie, 20 ans.
681	3973	Li-Vang, 63ᵉ empereur de Chine, 5 ans.
678	3976	Icaridisius, roi de Babylone, 13 ans.
676	3978	Hoey-Vang, 64ᵉ empereur de Chine, 25 ans.
674	3980	Stefinates, roi d'Egypte, 26ᵉ dynastie, 7 ans.
672	3982	Mort de Numa, roi de Rome ; Tullius Hostilius est élu à sa place et règne 32 ans.
670	3984	Messine fondée par les Messéniens.
669	3985	Combat entre les Horaces et les Curiaces.
667	3987	Guerre des Romains et des peuples de Fidènes.
667	3987	Necepsos, roi d'Egypte, 26ᵉ dynastie, 6 ans.
665	3989	Saosduchin, roi de Babylone, règne aussi en Assyrie 18 ans.
664	3990	Combat naval entre les Corinthiens et les peuples de l'île de Corfou.
663	3991	Ephachères, roi d'Assyrie, 50 ans.
661	3993	Nechao Iᵉʳ, roi d'Egypte, 26ᵉ dynastie, 8 ans.

TEMPS HISTORIQUES

ANNÉES		
avant l'ère vulgaire.	du monde.	
660	3994	Rhœcus et Théodore, architectes grecs.
658	3996	Byzance, aujourd'hui Constantinople, est bâtie.
658	3996	Phraorte, roi des Mèdes, règne 22 ans.
657	3997	Les villes d'Abdère, de Lampsac et de Clazomène sont rétablies.
656	3998	Cypselus est tyran de Corinthe, 31 ans.
656	3998	Holopherne est tué par Judith : elle était née en 682, dans la 16° année de Manassès, roi de Juda ; Saosduchin, roi de Babylone, qui précéda de 40 ans sur le trône Nabopolassar père de Nabuchodonosor, avait envoyé Holopherne pour s'emparer de la Judée, et il assiégeait Bethulie ; Judith avait 23 ans et elle était veuve en 659 ; inspirée par le dévouement, elle se rendit dans la tente du général que son intempérance avait plongé dans le sommeil, et lui coupa la tête, ce qui mit fin au siége et dispersa les ennemis. Quelques auteurs pensent qu'elle vécut 105 ans ; la Bible de Vence porte qu'elle mourut en 610, âgée de 72 ans, soit 46 ans après sa courageuse mission.
654	4000	Guerre des Romains contre les Sabins.
654	4000	Cléophante, peintre grec.

TEMPS HISTORIQUES

ANNÉES		
avant l'ère vulgaire.	du monde.	
653	4001	Psammetique 1ᵉʳ, roi d'Egypte, 26ᵉ dynastie, 44 ans.
652	4002	Guerre de 5 ans entre les Romains et les Latins.
651	4003	Siang-Vang, 65ᵉ empereur de Chine, 33 ans.
647	4007	Chyniladan, roi d'Assyrie, 22 ans.
645	4009	Selinunte, en Sicile, fondée par les Mégariens.
640	4014	Naissance de Solon.
640	4014	Ancus Martius règne à Rome 24 ans.
639	4015	Naissance de Thalès.
636	4018	Dracon, législateur grec.
631	4023	Tyrthée, poète grec.
631	4023	Sadiate, roi des Lydiens, règne 11 ans.
629	4025	Sophonie, Jérémie, Baruch, prophètes.
627	4027	Ostie, à l'embouchure du Tibre, est bâtie l'an 14 du règne d'Ancus Martius, roi de Rome.
625	4029	Periandre se fait tyran de Corinthe et gouverne 40 ans.
625	4029	Nabopolassar, père de Nabuchodonosor, commence à régner à Babylone ; il régna 21 ans.

TEMPS HISTORIQUES

ANNÉES avant l'ère vulgaire.	du monde.	
624	4030	Dracon fait des lois sanguinaires chez les Athéniens.
620	4034	Alyatte, roi de Lydie, règne 57 ans.
620	4034	Naissance de Xénophane, poète philosophe.
618	4036	Fondation d'Epidaure par les Corcyréens.
618	4036	King-Vang, 66e empereur de Chine, 6 ans.
616	4038	Tarquin l'Ancien règne à Rome 38 ans.
613	4041	Ocracarnes, roi d'Assyrie, 42 ans.
612	4042	Kouang-Vang, 67e empereur de Chine, 6 ans.
612	4042	Stesicore, poète sicilien.
612	4042	Pittacus de Mytilène, l'un des sept sages.
611	4043	Fondation de Marseille.
609	4045	Josias est tué par Nechao, roi d'Egypte. Joachaz, roi de Juda, règne 3 mois.
609	4045	Joakim, aussi roi de Juda, règne 2 ans.
609	4045	Nechao II, roi d'Egypte, 26e dynastie, 16 ans. Défait Josias, le remplace par Eliacim (Joachim).
608	4046	Bias de Prienne, l'un des sept sages, sous Alyatte, roi des Lydiens.

TEMPS HISTORIQUES

ANNÉES avant l'ère vulgaire.	ANNÉES du monde.	
606	4048	Commencement de la captivité des Juifs qui dure 70 ans.
606	4048	Histoire de Suzane.
606	4048	Nabuchodonosor, roi de Babylone, 44 ans.
606	4048	Sapho de Lesbos, poète grec.
606	4048	Ting-Vang, 68° empereur de Chine, 21 ans.
604	4050	Alcée, poète grec, de Lesbos.
603	4051	Cyaxarès fait la guerre aux Lydiens, dans laquelle arriva l'éclipse de soleil prédite par Thalès.
596	4058	Astiagès, dernier roi des Mèdes, règne 35 ans seul et 23 ans avec Cyrus.
596	4058	Milan, Brescia, Bologne, Cremone et Bergame fondées par Bellovèze, de 600 à 596.
595	4059	Ezéchiel, prophète.
593	4061	Psammétique II, roi d'Egypte, 26° dynastie, 6 ans.
593	4061	Solon donne ses lois aux Athéniens.
592	4062	Nabuchodonosor attaque la ville de Tyr, dont le siége dure 13 ans.

TEMPS HISTORIQUES

ANNÉES avant l'ère vulgaire.	ANNÉES du monde.	
590	4064	Les Amphictyons établissent les jeux pythiques à Delphes. Mort de Periandre, tyran de Corinthe.
590	4064	Thurianus, sculpteur étrurien.
588	4066	Temple pris sous Sédécias, par Nabuchodonosor.
587	4067	Vaphrès, roi d'Egypte, 26º dynastie, 19 ans (c'est le même Pharaon qu'Ephré, Apriès, Hophra).
587	4067	Le conseil des Amphictyons rétablit la liberté de l'oracle de Delphes.
587	4067	Josedeck, pontife.
585	4069	Kien-Vang, 69º empereur de Chine, 14 ans.
584	4070	Esope, phrygien, fabuliste.
584	4070	Nabuchodonosor s'empare de la Céléysrie, le pays des Ammonites, des Moabites et l'Egypte.
582	4070	Nabuchodonosor, après s'être de nouveau emparé de Jérusalem en 588, fait la guerre aux Ammonites et assiége Tyr.
579	4075	Tyr se rend à Nabuchodonosor.
578	4076	Servius Tullius règne à Rome 44 ans.
576	4088	Epimenide, philosophe grec.

TEMPS HISTORIQUES

ANNÉES avant l'ère vulgaire.	ANNÉES du monde.	
572	4082	Phalaris, tyran d'Agrigente en Sicile, gouverne 16 ans.
571	4083	Alarius vient de Scythie en Grèce.
571	4083	Ling-Vang, 70e empereur de Chine, 27 ans.
571	4083	Sardanapale, roi d'Assyrie, 15 ans.
568	4086	Amasis, roi d'Egypte, 26e dynastie, 42 ans.
568	4086	Le célèbre philosophe Pythagore est né cette année.
565	4089	Menesarque, père de Pythagore, grave les pierres fines.
564	4090	Zoroastre, prophète bactrien.
562	4092	Hippoclidès règne en Lydie 14 ans.
562	4092	Crésus, roi de Lydie.
562	4092	Après la mort de Nabuchodonosor, roi de Babylone, Evilmerodach, son fils, régna 4 ans.
561	4093	Anacharsis, Scythe historien.
561	4093	Mort d'Esope. Merbal, roi de Tyr, règne 4 ans.
559	4095	Pisistrate devient tyran d'Athènes pour la seconde fois. Iram, dernier roi de Tyr, règne 20 ans.

TEMPS HISTORIQUES

ANNÉES avant l'ère vulgaire.	du monde.	
558	4096	Balthazar, roi de Babylone, 5 ans.
557	4097	Naissance de Simonides, poète.
556	4098	Chilon, l'un des sept sages, est fait éphore de Lacédémone. Le philosophe Anaximène paraît vers ce temps.
554	4100	Ctesiphon, architecte grec du temple d'Ephèse.
553	4101	Nabonadius, roi de Babylone, 17 ans.
551	4103	Aristée, poète et philosophe, vivait alors.
551	4103	Naissance de Confucius, philosophe chinois.
550	4104	Atys, fils de Crésus, est tué à la chasse.
549	4105	Pisistrate rentre à Athènes et s'empare du gouvernement.
548	4106	Crésus marche contre les Perses en Capadoce.
545	4109	Le temple de Delphes est brûlé. Mort d'Anaximandre, géographe, astronome grec.
544	4110	Spintarus, architecte grec, du temple de Delphes.
544	4110	King-Vang, 71e empereur de Chine, 25 ans.
543	4111	Tao-Vang, 72e empereur de Chine, 7 mois.
540	4114	Xénophanes, philosophe grec.

TEMPS HISTORIQUES

ANNÉES avant l'ère vulgaire.	ANNÉES du monde.	
539	4145	Buhaleus et Athenis, sculpteurs grecs.
539	4115	Les Phocéens quittent l'Asie et viennent s'établir dans les Gaules.
538	4116	Dœpenus et Scyllis, architectes grecs.
538	4116	Daniel, prophète.
536	4118	Cyrus, roi des Perses, régna 7 ans ; il s'empare de Jérusalem et libère les Juifs de leur captivité, qui a duré 70 ans.
536	4118	Mort d'Astiagès. Cyrus permet aux Juifs de retourner dans leur pays et de rétablir le Temple.
536	4118	Daniel dans la fosse aux lions.
534	4120	Tarquin le Superbe règne à Rome 25 ans.
534	4120	Zorobabel jette les fondements du nouveau temple.
534	4120	Parmenide, astronome grec.
530	4124	Anacréon, poète lyrique, paraît vers ce temps. Polycrate devient tyran de Samos.
529	4125	Cyrus meurt après avoir régné 7 ans sur toute l'Asie. Cambyse, 2ᵉ roi des Perses, règne 7 ans 5 mois.

TEMPS HISTORIQUES

ANNÉES avant l'ère vulgaire.	du monde.	
528	4126	Le tyran Pisistrate meurt, et Hipparcus, son fils, lui succède.
526	4128	Cambyse, roi d'Egypte, 27ᵉ dynastie, règne 6 ans.
525	4129	Callimaque, architecte grec.
525	4129	Naissance du poète Eschyle.
521	4133	Darius Iᵉʳ, roi d'Egypte et des Perses, 27ᵉ dynastie, 36 ans.
520	4134	Mandroclès, architecte grec.
520	4134	Les Juifs recommencent à bâtir le temple de Jérusalem.
520	4134	Naissance de Pindare.
519	4135	King-Vang, 73ᵉ empereur de Chine, 44 ans.
518	4136	Aggée et Zacharie, prophètes.
516	4138	L'an 6 de Darius Hystaspe, le Temple est achevé.
515	4139	Tarquin le Superbe bâtit le Capitole.
512	4142	Darius envoie une armée à Samos. Babylone se révolte contre Darius.
510	4144	Darius assiége Babylone.

TEMPS HISTORIQUES

ANNÉES avant l'ère vulgaire.	du monde.	
509	4145	République proclamée à Rome ; Tarquin chassé.
509	4145	Première alliance des Carthaginois avec les Romains.
508	4146	Phérécide, philosophe grec.
508	4146	Porsenna, roi d'Etrurie, fait la guerre contre les Romains.
508	4146	Sophronisque, père de Socrates, sulpteur grec.
507	4147	Megabaze soumet les Thraces et la Macédoine.
504	4150	Le consul P. Valerius Publicola triomphe des Sabins et des Végentins. La ville de Sardes est prise et brûlée par les Athéniens.
504	4150	Héraclite et Parmenide, philosophes, commencent à paraître. Zénon, disciple de Parmenide.
500	4154	Démocrite, philosophe d'Abdère, paraît.
500	4154	Naissance du philosophe Anaxagoras.
498	4156	Lartius est créé 1ᵉʳ dictateur de Rome.
497	4157	Fondation du temple de Saturne et établissement des fêtes saturnales à Rome.
497	4157	Naissance du poète Sophocle.

TEMPS HISTORIQUES

ANNÉES		
avant l'ère vulgaire.	du monde.	
496	4158	Hippocrate, tyran de Sicile, pendant 7 ans.
495	4159	Servilius soumet les Volsques.
490	4164	Bataille de Marathon.
489	4165	Les Gaulois, sous la conduite de Brennus, s'emparent de Rome.
485	4169	Xercès, roi d'Egypte, 27ᵉ dynastie, 20 ans.
485	4169	Xercès, roi des Perses, 21 ans.
484	4170	Héchatée, historien grec.
483	4171	Aristides est envoyé en exil.
480	4174	Aristagoras, géographe grec.
480	4174	Bataille de Salamine contre les Perses.
479	4175	Bataille de Platée.
475	4179	Yuen-Vang, 74ᵉ empereur de Chine, 7 ans.
470	4184	Naissance de Socrate.
469	4185	Fondation de Capoue par les Toscans. Tremblement de terre à Sparte. Leotychilde, roi de Lacédémone, meurt après 22 ans de règne. Archidamus lui succède et règne 42 ans.

TEMPS HISTORIQUES

ANNÉES	
avant l'ère vulgaire.	du monde.
468	4186
468	4186
465	4189
465	4189
458	4196
458	4196
458	4196
458	4196

468 — 4186 — Néhémie rétablit les murs de Jérusalem,

468 — 4186 — Tching-Ting-Vang, 75ᵉ empereur de Chine, 28 ans.

465 — 4189 — Hérodote, historien grec.

465 — 4189 — Artaxercès, roi de Perse et roi d'Egypte, 27ᵉ dynastie, 40 ans.

458 — 4196 — Quintus remporte la victoire sur les Volsques et prend la ville d'Antium.

458 — 4196 — Lybon bâtit le temple de Jupiter Olympien.

458 — 4196 — Esdras, Jérémie, Isaïe ont travaillé comme Samuel aux Livres des Rois ; chacun d'eux à leur époque.

458 — 4196 — Esther ou Edissa, juive esclave en Perse, arrive à la cour d'Assuérus. Il y a une grande divergence dans l'interprétation du nom d'Assuérus ; on le donne à plusieurs rois, et l'incertitude à ce sujet provient de ce que les auteurs ont cité et admis plusieurs noms sans leur attribuer aucune date. La fixation de l'époque aurait indiqué le prince avec précision par la comparaison des faits contemporains. Plusieurs écrivains ont prétendu que ce mariage a eu lieu en 518 avec Darius, fils d'Hystaspe, qui a commencé son règne en 521, mais il est bien reconnu qu'Esdras

TEMPS HISTORIQUES

reçut du roi la mission de *gouverneur des Juifs pour relever les murs de Jérusalem ;* or cette mission est de 458, et Esdras écrivait sous le règne d'Artaxercès Longuemain qui monta sur le trône en 465. Il ne peut donc, après ces chiffres inflexibles, y avoir hésitation sur la solution de cette question ; et Esther, après la répudiation de la reine Vasti, épousa, en 457, Artaxercès Longuemain dit Assuérus.

Le fait en lui-même est prouvé, quant au côté historique, par la célébration du Purim, actions de grâces perpétuelles des Juifs pour leur délivrance de l'oppression d'Aman, ordonnée par Artaxercès Ier, à l'intercession d'Esther et de son oncle Mardochée.

Années avant l'ère vulgaire	Années du monde	
457	4197	Hieron meurt à Catane après 11 ans de règne. Thrasybule, son frère, lui succède pendant 11 mois.
456	4198	Callicrates, Mnesiclès, architectes.
456	4198	On célèbre pour la première fois à Rome les jeux séculaires. Empédocle, philosophe grec.
440	4214	Kao-Vang, 76e empereur de Chine, 15 ans.
440	4214	Malachie, prophète.

TEMPS HISTORIQUES

ANNÉES avant l'ère vulgaire.	ANNÉES du monde.	
436	4218	Gorgias, Hippias, Prodicus, Parmenide, Socrate, vivent alors.
436	4218	Seylax, géographe grec.
436	4218	Naissance d'Isocrate. Pindare, poète grec.
431	4223	Guerre du Péloponèse.
430	4224	Corinne, poète grec.
429	4225	Mort de Périclès.
429	4225	Methon, astronome grec.
425	4229	Xercès II, roi d'Egypte, 2 mois.
425	4229	Polyclètes et Myson, sculpteurs grecs.
425	4229	Mycon et sa fille Timarette, peintres grecs.
425	4229	Phidias, peintre et sculpteur grec. Polignotte, peintre.
425	4229	Sogdianus, roi d'Egypte, 27e dynastie, 2 mois.
425	4229	Arcesylas, peintre grec sur émail.
425	4229	Darius II, roi d'Egypte et des Perses, 27e dynastie, 19 ans.
425	4229	Damophile, peintre grec.

TEMPS HISTORIQUES

ANNÉES avant l'ère vulgaire.	ANNÉES du monde.	
425	4229	Oueyli-Vang, 77ᵉ empereur de Chine, 24 ans.
411	4243	Thucidide, historien grec.
406	4248	Le temple de Minerve est brûlé. Mort de Sophocle, âgé de 90 ans. Euripide meurt.
405	4249	Amyrteus, roi d'Egypte, 28ᵉ dynastie, 6 ans.
404	4250	Artaxercès II, roi des Perses, 46 ans.
401	4253	Xénophon, historien grec.
401	4253	Gand-Vang, 78ᵉ empereur de Chine, 26 ans.
399	4255	Nepherètes, roi d'Egypte, 29ᵉ dynastie, 6 ans.
398	4256	Appollodore, peintre grec.
395	4259	Criton, disciple de Socrate.
393	4261	Achoris, roi d'Egypte, 29ᵉ dynastie, 13 ans.
391	4263	Melanthe Pamphile, peintre.
390	4264	Zeuxis, Parazhius, peintres.
383	4271	Naissance d'Aristote.
381	4273	Architas, mécanicien grec.
380	4274	Psammitès, roi d'Egypte, 1 an.
380	4274	Phyloxène, philosophe.

TEMPS HISTORIQUES

ANNÉES avant l'ère vulgaire.	ANNÉES du monde.	
379	4275	Nephoritès, roi d'Egypte, 29ᵉ dynastie, 1 an.
379	4275	Denis de Synope, philosophe.
378	4276	Nectanébus Iᵉʳ, roi d'Egypte, 30ᵉ dynastie, 18 ans.
376	4278	Hyppocrate, médecin.
375	4279	Lic-Vang, 79ᵉ empereur de Chine, 7 ans.
370	4284	Phedon, disciple de Socrate.
370	4284	Stesicon, Callimaque, philosophes.
368	4286	Hien-Vang, 80ᵉ empereur de Chine, 48 ans.
363	4291	Bataille de Mantinée.
360	4294	Tcos, roi d'Egypte, 30ᵉ dynastie, 2 ans.
360	4294	Ctésias, historien grec.
358	4296	Thimotée, philosophe.
358	4296	Nectanébus II, roi d'Egypte, 30ᵉ dynastie, 18 ans.
356	4298	Temple d'Ephèse brûlé par Erostrate.
356	4298	Lycurgue, orateur d'Athènes, fils de Lycophron.
353	4301	Briaxis, Timothée, sculpteurs.
353	4301	Pythée travaille au tombeau de Mausole.

TEMPS HISTORIQUES

ANNÉES avant l'ère vulgaire.	ANNÉES du monde.	
352	4302	Eudoxe, géomètre, astronome.
350	4304	Meng-Tse (Mincius), historien chinois.
350	4304	Speusippe, philosophe.
350	4304	Timante, peintre grec.
348	4306	Platon, philosophe.
348	4306	Menandre, Appollodore, historiens.
342	4312	Thérimachus, peintre grec.
340	4314	Ochus, roi d'Egypte, 31ᵉ dynastie, 2 ans.
340	4314	Encas, mécanicien grec.
338	4316	Arges, roi d'Egypte, 31ᵉ dynastie, 2 ans.
338	4316	Arogus, roi des Perses, 2 ans
337	4317	Théopompe, historien.
336	4318	Darius III, roi d'Egypte et de Perse, 31ᵉ dynastie, 4 ans.
336	4318	Hecatée, historien.
334	4320	Melanthius, peintre grec.
333	4321	Dicearque, orateur grec.
333	4321	Philippe, médecin d'Alexandre.

TEMPS HISTORIQUES

ANNÉES		
avant l'ère vulgaire.	du monde.	
333	4321	Second combat d'Alexandre contre Darius.
332	4322	Dynocrate, architecte, bâtit la ville d'Alexandrie.
332	4322	Alexandre-le-Grand, 8 ans.
332	4322	Aristobule, historien grec.
331	4323	Antiphile, peintre grec.
330	4324	Callippe, astronome grec.
330	4324	Diognetès et Bœton, ingénieurs.
330	4324	Alexandre s'empare de la Susiane et du trône de Darius qui, dans sa fuite, est tué par Bessus. Isocrate meurt.
328	4326	Pitheas, de Marseille, géographe.
327	4327	Alexandre défait et prend Porus, roi des Indes ; il bâtit plusieurs villes dans les Indes.
326	4328	Charilaüs, écrivain.
324	4330	Antisthènes et Cratès, philosophes.
324	4330	Alexandre meurt après avoir régné 8 ans.
324	4330	Philippe Aridée, frère d'Alexandre, 6 ans.
323	4331	Diogène, philosophe.

TEMPS HISTORIQUES

ANNÉES		
avant l'ère vulgaire.	du monde.	
323	4331	Clearque, historien grec.
322	4332	Aristote, historien, philosophe.
322	4332	Démosthènes, orateur grec.
321	4333	Callisthènes, écrivain philosophe.
320	4334	Chin-Tsin-Vang, 81ᵉ empereur de Chine, 6 ans.
318	4336	Lysippe, Lysistrate, sculpteurs grecs.
318	4336	Pyrgotelès, graveur en pierres fines.
318	4336	Eutychrate, sculpteur grec.
316	4338	Xenocrate, philosophe.
316	4338	Eschine, littérateur.
314	4340	Nan-Vang, 82ᵉ empereur de Chine, 59 ans.
314	4340	Euclide, mathématicien grec.
310	4344	Héraclide, philosophe grec.
309	4345	Amphion, Nicias, peintres grecs.
309	4345	Aristippe, peintre grec.
307	4347	Théophraste, philosophe grec.
301	4353	Aristide et Protogènes, peintres.

TEMPS HISTORIQUES

ANNÉES		
avant l'ère vulgaire.	du monde.	
300	4354	Pyrrhon, philosophes ceptique.
300	4354	Conon de Samos, astronome.
300	4354	Aristée, géomètre grec.
300	4354	Appelles, peintre grec.
298	4356	Ménandre, écrivain.
291	4363	Dinarchus, philosophe.
289	4365	Charès fait le colosse de Rhodes, sculpteur grec.
285	4369	Ptolémée Ier, gouverneur d'abord, puis roi d'Egypte, 38 ans.
285	4369	Berose, historien babylonien.
283	4371	Demetrius de Phalère, historien.
280	4374	Sostrate fait la Tour de Paros.
276	4378	Epicure, philosophe.
272	4382	Manethon, historien égyptien.
270	4384	Zoïle, critique d'Homère.
262	4392	Aratus, écrivain grec.
255	4399	Tcheo-Kun, 83e empereur de Chine, 7 ans.

TEMPS HISTORIQUES

ANNÉES avant l'ère vulgaire.	ANNÉES du monde.	
254	4400	Zénon, philosophe.
253	4401	Théocrite, poète grec.
251	4403	Asdrubal, chef des Carthaginois, est battu par Metellus.
250	4404	Zao-Ven-Vang, 84e empereur de Chine.
248	4406	Tchouang-Siang-Vang, 85e empereur de Chine, 2 ans.
248	4406	Straton, écrivain grec.
248	4406	Appollonius de Rhode, historien.
247	4407	Ptolémée III Evergètes, roi d'Egypte, 25 ans.
246	4408	Tsin-Chi-Hoang, 86e empereur de Chine, 37 ans.
246	4408	Callimaque, écrivain.
246	4408	Siméon est nommé pontife.
243	4411	Appollonius, géomètre.
241	4413	Eratosthènes, philosophe grec.
240	4414	Amilcar abdique le commandement des troupes carthaginoises.
234	4420	Sirach Jésus est l'auteur de l'Ecclésiastique.

TEMPS HISTORIQUES

ANNÉES		
avant l'ère vulgaire.	du monde.	
224	4430	Ctesidius, mécanicien grec.
222	4432	Ptolémée IV Philopator, roi d'Egypte, 17 ans.
220	4434	Athenée, mécanicien grec.
216	4438	Plaute, auteur latin.
212	4442	Archimède, physicien sicilien.
209	4445	Eul-Chi, 87e empereur de Chine, 3 ans.
206	4448	Eléazar succède à Siméon.
205	4449	Ptolémée V Epiphane, roi d'Egypte, 24 ans.
203	4451	Mœvius, poète latin.
202	4452	Antiochus-le-Grand envahit la Judée.
201	4453	Annibal, revenu d'Italie en Afrique, est défait par Scipion.
196	4458	Cossutius, architecte romain.
189	4465	Antiochus est vaincu par les Romains.
183	4471	Mort de Scipion l'Africain et d'Annibal.
180	4474	Bion, historien grec.
180	4474	Ptolémée VI Philometor, roi d'Egypte, 35 ans.
179	4475	Moschus, écrivain.

TEMPS HISTORIQUES

ANNÉES avant l'ère vulgaire.	ANNÉES du monde.	
176	4478	Aristobule, orateur juif.
175	4479	Plusieurs juifs renoncent au judaïsme et embrassent la religion des Grecs.
168	4486	Metrodore, peintre grec.
168	4486	Martyre du vieux Eléazar.
		Martyre des sept frères Machabées avec leur mère, à Antioche.
166	4488	Polybe l'historien est mené prisonnier à Rome.
163	4491	Pacavius, historien latin.
160	4494	Lycon, historien grec.
155	4499	Ariston Critolaüs, écrivain.
150	4504	Aristarque, critique grec.
150	4504	Cratès, philosophe.
147	4507	Ptolómée VII Evergètes II, roi d'Egypte, 29 ans.
146	4508	Sparte, Sycione, Argos appartiennent aux Romains.
144	4510	Térence, auteur africain.
143	4511	Simon Machabée succède à Jonathas dans le gouvernement du peuple.

TEMPS HISTORIQUES

ANNÉES		
avant l'ère vulgaire.	du monde.	
142	4512	Hipparque, astronome.
134	4520	Antiochus assiége Jean Hyrcan dans Jérusalem.
133	4521	Carneades, philosophe grec.
120	4534	Ezéchiel, juif, poète tragique.
120	4534	Heron d'Alexandrie, mécanicien.
119	4535	Plutarque, historien grec.
117	4537	Ptolémée VIII Soter II, roi d'Egypte, 56 ans.
110	4544	Jean Hyrcan prend Samarie.
109	4545	Mort d'Hyrcan après 29 ans de règne. On met sous son gouvernement l'origine des trois principales sectes des Hébreux, savoir : Pharisiens, Esseniens, Saducéens.
109	4545	Les Huns sont inconnus jusqu'à cette époque.
103	4551	Hermandorus, architecte grec.
102	4552	Marius taille en pièces les Teutons et les Ambrons.
101	4553	Se-Mat-Sien, historien chinois.
96	4558	Mort de Ptolémée Appion, roi de Cyrène.
89	4565	Sylla, général de l'armée romaine, défait les Samnites. Porcius, consul, est tué.

TEMPS HISTORIQUES

ANNÉES avant l'ère vulgaire.	du monde.	
88	4566	Nicomède, architecte romain.
87	4567	Cinna et Marius sont maîtres de Rome.
86	4568	Sylla reprend Athènes et lui rend sa première liberté.
85	4569	Pan-Kou, historien chinois.
84	4570	Asclepiade de Bythinie, médecin.
83	4571	Sylla passe la mer avec une armée de trente mille hommes et hasarde le combat contre deux cent mille hommes ; il défait Norbanus.
82	4572	Sylla défait Marius et assiége Préneste.
81	4573	Ptolémée IX, surnommé Alexandre, roi d'Egypte, règne 19 jours.
80	4574	Ptolémée X Alexandre II, roi d'Egypte sans avoir régné.
80	4574	Sylla abdique la dictature ; Cicéron va à Athènes. Hircan, roi de Judée, succède à son père Alexandre ; règne 11 ans pendant lesquels Salomé, femme d'Alexandre, eut le plus de part au gouvernement du royaume.
80	4574	Ptolémée XI, règne agité en Egypte, 30 ans.

TEMPS HISTORIQUES

ANNÉES avant l'ère vulgaire.	ANNÉES du monde.	
78	4576	Sylla meurt âgé de 60 ans ; on apporte son corps à Rome avec beaucoup de pompe, pour l'ensevelir dans le champ de Mars.
67	4587	Arcesilas, sculpteur grec.
66	4588	Cicéron est fait Préteur.
65	4589	Salluste, historien latin.
63	4591	La conjuration de Catilina continue, mais la vigilance de Cicéron la fait échouer. Naissance d'Auguste (Octave).
63	4591	Aristobule se retire à Jérusalem et soutient le siége contre Pompée ; la ville est prise et Aristobule est prisonnier. La Judée est réduite à payer tribut aux Romains.
61	4593	Thimomachus de Bysance, peintre.
60	4594	Posis, sculpteur romain.
58	4596	Denys d'Halicarnasse.
57	4597	Praxitèle, graveur grec à Rome.
57	4597	Cicéron revient de son exil.
56	4598	Sosigène, astronome égyptien.

TEMPS HISTORIQUES

ANNÉES	
avant l'ère vulgaire.	du monde.
55	4599

César défait les Allemands qui avaient passé le Rhin. Ptolémée tue sa fille. Pompée, en allant en Egypte, apaise en Judée les factions d'Aristobule.

53	4601

César ; guerres des Gaules. Les écrivains qui persistent à donner à l'homme une origine si reculée, puiseront dans Suetone et surtout dans les livres de César, des notions plus saines et plus vraies ; à cette époque du fétichisme mythologique des Gaulois et des Celtes, on offrait à Teutatès les horribles sacrifices humains ; ces holocaustes consistaient à brûler vifs les coupables de vols ou d'autres crimes, et à défaut de victimes de ce genre, on sacrifiait les innocents enfermés dans des coffres d'osier auxquels on mettait le feu : *Nos dieux, disaient les druides, ne peuvent être apaisés autrement*. On voyait alors, et l'on voit encore dans des pierres dites sacrées, des trous et des rigoles destinés à recevoir le sang humain : on peut ajouter une entière foi à ces hauts témoignages contemporains des faits, qui prouvent l'état grossier de ces populations et leur barbarie, qui ne dénotent nullement l'antiquité de leur origine.

52	4602

Vercingetorix, roi des Gaulois, battu par César.

TEMPS HISTORIQUES

ANNÉES		
avant l'ère vulgaire.	du monde.	
51	4603	Ptolémée XII, fils d'Aulettes, roi d'Egypte, 3 ans.
51	4603	Zenodore, Théodore Polyclote, géographes.
50	4604	Lucrèce, poète latin.
49	4605	Ptolémée XIII, fils d'Aulettes, meurt empoisonné.
49	4605	Strabon, historien romain.
49	4605	Guerre civile entre César et Pompée.
49	4605	Catulle, poète latin.
49	4605	Jules César s'étant rendu maître de Rome, met en liberté Aristobule ; mais les partisans de Pompée l'empoisonnent.
48	4606	La bibliothèque d'Alexandrie est brûlée.
47	4607	César prend possession de la dictature à Alexandrie, où il faisait la guerre.
47	4607	Vitruve, architecte romain.
46	4608	César passe en Afrique, fait la guerre à Scipion, à Caton et à Juba, roi de Mauritanie, et défait leur armée. — Caton, Scipion et Petreius se donnent la mort.
46	4608	Caton d'Utique, historien.

TEMPS HISTORIQUES

ANNÉES avant l'ère vulgaire.	ANNÉES du monde.	
45	4609	Fondation de Lyon par le consul Plancus.
45	4609	Première année Julienne, ou la réformation du calendrier par Jules César.
45	4609	César est créé Dictateur perpétuel.
44	4610	César est assassiné le 15 mars dans le sénat.
44	4610	Timagène, écrivain grec.
43	4611	Les Consuls et Octavius César ont ordre du sénat de marcher contre Antoine ; il est défait par Hirtius.
42	4612	Octavius César et Antoine font la guerre contre Cassius et Brutus qui, étant vaincus, se donnent la mort. Naissance de Tibère.
40	4614	Octave César et Antoine partagent entre eux l'empire.
40	4614	Trogue Pompée, historien romain.
40	4614	Hérode s'enfuit de Jérusalem et se rend à Rome implorer le secours d'Antoine ; il obtient du sénat le royaume de Judée.
33	4621	Cornelius Nepos, historien romain.
32	4622	Ptolémée XIV, Césarion, fils de César, règne 2 ans.

TEMPS HISTORIQUES

ANNÉES avant l'ère vulgaire.	ANNÉES du monde.	
31	4623	Bataille d'Actium en Epire, où Auguste remporte la victoire sur Antoine ; ce dernier se retire en Egypte avec Cléopâtre.
30	4624	Octave César entre en Egypte et s'empare des villes de Peluse et d'Alexandrie ; Antoine et Cléopâtre se donnent la mort.
28	4626	Gallus de Frejus, écrivain.
28	4626	Varron, historien latin.
25	4629	Diogenès, sculpteur romain.
23	4631	Properce, poète latin.
19	4635	Virgile, poète latin.
19	4635	Hérode entreprend de rétablir le temple de Jérusalem.
9	4645	Auguste conserve aux Juifs leurs priviléges.
9	4645	Hérode fait ouvrir le tombeau de David pour en tirer les richesses.
9	4645	Réformation du calendrier par Auguste.
7	4647	Tibère triomphe des peuples de Germanie qui s'étaient révoltés contre l'empire romain.

TEMPS HISTORIQUES

ANNÉES		
avant l'ère vulgaire.	du monde.	
7	4647	Mort de Mécènes ; Auguste vient dans les Gaules.
7	4647	Horace, poète latin.
4	4650	Mort d'Hérode.

Nous touchons à l'époque que nous nous sommes assignée, comme le terme de nos travaux : l'Etat romain est tombé sous la puissance d'un seul homme ; ce peuple, le plus fier de tous ceux qui ont eu une existence politique dans l'antiquité, a échangé l'indépendance illusoire d'une République contre des distributions gratuites de grains et contre les splendeurs des arènes et la triste joie des spectacles.

Au commencement du premier siècle de l'ère, Rome est écrasée et ensevelie sous ses triomphes et ses victoires ; la Grèce, la Perse, la Macédoine, l'Asie, l'Egypte, tout est devenu province romaine, et la paix la plus profonde règne dans toute l'étendue de l'empire.

La multiplicité des différents cultes a détruit le paganisme et son faux prestige à mesure des progrès de l'intelligence, et par une volonté des décrets éternels. Tout annonce que la vérité doit enfin anéantir et faire écrouler cet édifice sans base, cet immense chaos que tant de populations avaient pris pour une croyance.

C'est alors qu'on verra poindre à l'Orient une petite étoile dont le trajet sera rapide et qui s'aggrandira dans son parcours ; sa lueur sera vive et pénétrante, elle enveloppera le monde entier qu'elle illuminera d'un éclat que la terre n'aura jamais vu.

En même temps il se manifestera des sensations indéfinissables et des pressentiments qui annonceront de grandes circonstances, des événements au-dessus de l'humanité.

Dans une obscure bourgade de la Judée, un petit enfant va bientôt naitre ! Une auréole divine brillera sur sa tête ; il dira qu'il aime les hommes et que toujours il intercèdera pour eux.

L'enfant se développera ; des trésors de morale et d'amour sortiront de sa bouche ; il persuadera et entrainera l'univers ; ses précieuses inspirations et sa céleste influence se répandront rapidement ; elles présenteront la vie de l'homme comme une épreuve sur la terre et nous permettront d'espérer l'éternité.

RÉPERTOIRE

DE LA CHRONOLOGIE UNIVERSELLE

TOME SECOND

		PAGES	
Le Livre des Juges		de 405 à 430	
Calcul des éclipses		431	451
id.	— Fondation de Rome (753)	452	455
id.	— Ères, dates, époques mises en regard	456	476
id.	— Des années bissextiles	477	478
Divers documents. N° 1. Les Atlantides		479	486
id.	2. Marbres de Paros	487	498
id.	3. Voyage des Argonautes	499	504
id.	4. Notice sur Zoroastre	505	512
id.	5. Les Pharaons de la Bible	513	518
id.	6. Abraham	519	522
id.	7. Joseph, la Famine, le Nil	523	531
id.	8. Exode, sortie des Israélites	532	537

SUITE DU RÉPERTOIRE

	PAGES
Divers documents. N° 9. Les quatre Livres des Rois.	de 538 à 546
id. 10. Temps d'Hésiode et d'Homère	547 562
Canon général de Chronologie synchronique présentant en regard l'histoire sacrée et profane.......	565 680

FIN.

ERRATA

DE LA CHRONOLOGIE UNIVERSELLE

TOME SECOND

(Des astérisques en marge des pages indiquent les errata.)

Pages.	Lignes.		
408	10	supprimez :	*Du midi.*
408	11	»	*Au nord.*
456	5	»	2163 (article Exode), lisez : *3163*.
521	4	au lieu de :	après s'être montré, lisez : *Lorsque plus tard (1912) il se montrera.*
521	16	»	Chrysostome, lisez : *Saint Chrysostome.*
535	20	»	dans tous les cas la servitude ne se prolongeait pas au delà de six ans jusqu'au prochain Jubilé, lisez : *Les affranchissements d'esclaves hébreux avaient lieu avant la publication de la loi du Sinaï, puisque Eliézer reçut d'Abraham sa liberté.*
624	19	»	Tebui, lisez : *Tebni.*
642	15	»	Alomeon, lisez : *Alcmeon.*
659	17	»	Leotychilde, lisez : *Leotychide.*
666	17	»	fils d'Alexandre, lisez : *Frère d'Alexandre.*

AIX

REMONDET-AUBIN, IMPRIMEUR-LIBRAIRE

Sur le Cours, 53

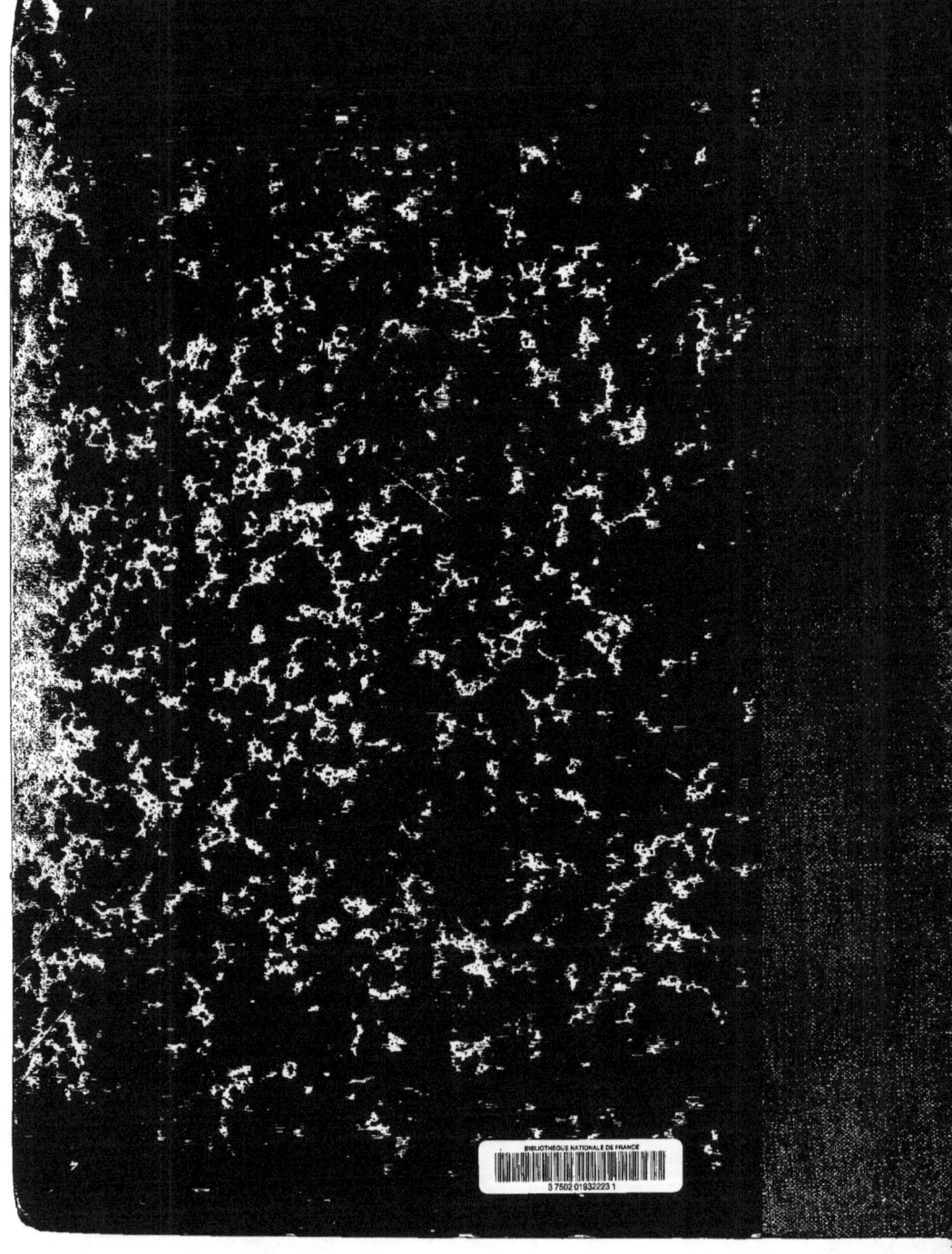

www.ingramcontent.com/pod-product-compliance
Lightning Source LLC
Chambersburg PA
CBHW070743170426
43200CB00007B/628